Brigitte Schanz-Hering

Englische Bewegungshits

Die englische Sprache mit Spiel, Rhythmus, Musik und Bewegung erleben und vermitteln

Mit Musik von Wolfgang Hering

Ökotopia Verlag Münster

Impressum

Autorin: Brigitte Schanz-Hering

Illustrationen: Annie Meussen

Satz: Studio Bandur, Beselich

Herausgeber: BBS – Buchwerk Bernhard Schön, Idstein

3 4 5 6 7 8 9 · 10 09 08 07

ISBN 978-3-936286-50-2

Der Tonträger zum Buch:
Wolfgang Hering, Brigitte Schanz-Hering
Englische Bewegungshits
Englischsprachige Lieder zum Mitmachen,
Tanzen und Mitsingen

ISBN (CD): 978-3-936286-51-9
ISBN (Playback-CD): 978-3-936286-52-6

Inhalt

Vorwort

Alle wollen Englisch lernen, und das ist wichtig, denn Englisch ist eine Weltsprache. Alle wollen möglichst früh Englisch lernen, und das ist richtig so, denn kindliche Entdeckungslust, Neugier und Nachahmungstrieb sind die besten Voraussetzungen für leichten Spracherwerb. Die Praxis hat gezeigt: Kinder lernen am besten über spielerische und bewegungsorientierte Angebote. Warum also nicht einmal ein Fingerspiel, einen Klatschvers oder ein Bewegungslied in Englisch einsetzen?

Bis vor wenigen Jahren gab es Englisch erst ab Klasse fünf, heute lernen schon viele Grundschüler ihre erste Fremdsprache. Auch die Aktivitäten in Kindergarten und -hort, Kindersprachschulen, Volkshochschulen und privaten Kindergruppen haben ein gemeinsames Ziel: Kinder spielerisch und unbefangen an die englische Sprache heranzuführen.

Das Material in diesem Buch eignet sich für das Kindergarten- und Grundschulalter, aber zum großen Teil auch noch für weiterführende Schulen. Die lange erprobten Verse, Fingerspiele, Sprechgesänge, Lieder, Spiele und Geschichten haben eines gemeinsam: Sie verbinden Sprache mit Rhythmus und Bewegung.

Es ist bekannt: Was im Rhythmus gelernt wurde, vergesse ich nicht so leicht. Nach meinen langjährigen Erfahrungen im Englischunterricht und mit Kindergruppen sind selbst bei Oberstufenschülern rhythmisierte Phrasen, die im Anfangsunterricht gelernt wurden, immer noch präsent. Meist ist nur ein kleiner Impuls nötig, um das einst Gelernte wieder abzurufen. Kommen zum rhythmisierten Text Bewegungen, Fingerspiele, Tänze und spielerische Darstellungen hinzu, wird der Effekt noch verstärkt.

Alle, die Kindern die englische Sprache beibringen wollen, finden hier ein Angebot an motivierendem und abwechslungsreichem Material, das sie auch ohne Notenkenntnisse benutzen können.

Und sie lernen mit musikalischen Kompetenzen wie Tempogefühl, Taktschlag und dem Einsatz von Klanggesten (Patschen, Klatschen, Stampfen, Schnipsen) umzugehen.

Die Sammlung ersetzt kein Lehrbuch, sondern kann in der Schule als thematische Ergänzung, als Auflockerung, bei Beginn und Ende des Unterrichts, in Vertretungsstunden oder für Aufführungen bei Elternabenden und Festen eingesetzt werden. In Kindergarten und Grundschule unterrichten Pädagoginnen oft Englisch ohne entsprechende Ausbildung. Auch sie finden in der vorliegenden Materialsammlung viele Vorschläge – die Spielanregungen sind ausführlich und einfach umzusetzen, es gibt eine Begleit-CD mit abwechslungsreichen Arrangements der Lieder, muttersprachlichen Sängern sowie gesprochenen Versen und Klatschgeschichten. Auf einem weiteren Tonträger gibt es Playback-Versionen der Lieder.

Sie wollen Kindern Englisch beibringen, haben aber keine spezielle Ausbildung, sondern sprechen Englisch nur „für den Hausgebrauch"? Auch dann können Sie mit den detaillierten Schritt-für-Schritt-Anleitungen gut arbeiten, und die korrekte Aussprache hören Sie auf der CD: Der Sänger

Robert Metcalf ist nämlich ein *"native speaker"*. Ich habe versucht, die einzelnen Stücke bestimmten Gruppen zuzuordnen: Kindergarten, Grundschule oder Klasse 5/6 an weiterführenden Schulen. Dazu finden Sie neben den Stücken die Symbole:

 für Kindergarten- und Vorschulalter

 für die Grundschule

 für die Klassen 5/6

Dies sind Vorschläge. Was sich tatsächlich für die jeweilige Gruppe eignet, ist abhängig von Zusammensetzung, Vorwissen und Leistungsfähigkeit der Kinder, und das wissen Sie selbst am besten. Vielleicht wollen Sie auch die Spielanregungen der jeweiligen Gruppe anpassen. Entscheiden Sie selbst, ob die Kinder ein Lied singen und dazu tanzen, oder ob Sie das Tanzlied von der CD vorspielen und nur die Tanzbewegungen ausführen lassen.

Bitte beachten Sie, dass in den Lied- und Sprechtexten *jede* Zeile mit einem Großbuchstaben beginnt (im Englischen ist das üblich); im Notensatz dagegen richtet sich die Schreibweise nach den grammatikalischen Regeln, d. h. alle Wörter, die klein geschrieben werden, sind auch so im Grafikbild aufgezeichnet.

Beim frühen Fremdsprachenlernen im Kindergartenalter steht der Erwerb der Hörfertigkeit im Vordergrund, denn lesen können die Kinder ja noch nicht. Sie hören ein neues Wort, sehen dazu Bilder, reale Gegenstände oder Bewegungen, verstehen dadurch das Wort und zeigen im Fingerspiel, Bewegungslied oder Tanz, dass sie es verstanden haben. Einfache Reime, Lieder oder Teile von Liedern können sie auch schon sprechen oder singen.

Beim Englischunterricht spielt dann die Lesefähigkeit eine wichtige Rolle. Dadurch wird es einfacher, auch längere Lieder, Reime oder Klatschgeschichten zu nutzen. In der weiterführenden Schule wird verstärkt die Schreibfertigkeit geschult. Neue Strophen können erfunden und aufgeschrieben werden. Anknüpfend an bestimmte Phrasen besteht die Möglichkeit, sich kleine Rollenspiele auszudenken, schriftlich festzuhalten und zu präsentieren. Sie können also durchaus dasselbe Stück sowohl im Kindergarten, als auch in der Grundschule und danach umsetzen.

1. Let's start

Tipps zum Begrüßen, Kennenlernen und Anfangen

Aller Anfang muss nicht schwer sein. In diesem Kapitel finden sich Angebote für den Beginn einer Gruppen- oder Unterrichtsstunde, eines neuen Schuljahres oder einer Lerneinheit. Einstieg und Sich-Kennenlernen stehen im Mittelpunkt.

How do you feel today? ● 1

Lied zum "Warming up"

ABC 5/6

1. How do you feel today?
How do you feel today?
If you're feeling happy then clap your hands,
Feeling happy then clap your hands,
Feeling happy then clap your hands,
Clap your hands like this.

2. How do you feel today?
How do you feel today?
If you're feeling angry then stamp your feet,
Feeling angry then stamp your feet,
Feeling angry then stamp your feet,
Stamp your feet like this.

3. How do you feel today?
How do you feel today?
If you're feeling happy then give a wiggle,
Feeling happy then give a wiggle,
Feeling happy then give a wiggle,
You could wiggle like this.

4. How do you feel today?
How do you feel today?
If you're feeling happy then wave a hand,
Feeling happy then wave a hand,
Felling happy then wave a hand,
Wave a hand like this.

5. How do you feel today?
How do you feel today?
If you're feeling happy then turn around,
Feeling happy then turn around,
Feeling happy then turn around,
Turn around like this,
Wave a hand like this,
Give a wiggle like this,
Stamp your feet like this,
Clap your hands like this!

(Musik und Text: mündlich überliefert)

Dieses Lied eignet sich gut zum *"Warming up"*.

Singen Sie das Lied selbst vor, oder setzen Sie die CD ein. Machen Sie dabei die in den Strophen vorkommenden Bewegungen mit. Üben Sie die Spielvorgaben ein, indem Sie mehrfach die Anweisungen geben, z.B.: *"Stamp your feet"*, und alle stampfen mit den Füßen auf. Verfahren Sie ebenso mit den anderen Bewegungen. Achten Sie bei *"stamp your feet, give a wiggle, wave your hand"* darauf, dass alle – wenn möglich – gleichzeitig mit der gleichen Körperseite beginnen, z.B. bei *"stamp"*: erst mit dem rechten, dann mit dem linken und dann wieder mit dem rechten Fuß stampfen. Bei *"give a wiggle"* wackeln alle mit den Schultern oder mit den Hüften (vorher festlegen) und beginnen wieder mit rechts: rechte Schulter – linke Schulter – rechte Schulter (oder Hüfte). Bei *"wave a hand"* wird zuerst der rechte Arm mit den nach außen zeigenden Handflächen vor dem Körper hin- und herbewegt: erst von links nach rechts, dann umgekehrt, usw. Bei *"turn around"* drehen sich alle einmal nach rechts um sich selbst.

Wenn die Kinder die Bewegungen ausführen, stehen sie im Kreis. Wird das Lied einem Publikum vorgetragen, sollten sie einen Halbkreis oder eine Reihe bilden. Jede Bewegung (außer *"turn around"*) wird in jeder Strophe dreimal an der entsprechenden Textstelle am Ende der Zeile ausgeführt, am Ende der Strophe nach *"like this"* während der Pause nur zweimal. In der letzen Strophe werden dann noch einmal alle Bewegungen in umgekehrter Reihenfolge aneinandergehängt.

Wer möchte, kann natürlich auch die Bewegungsvorgaben verändern, z.B. Klatschen, Stampfen auf zwei Achtelschläge in den entsprechenden Pausen.

 Im Kindergarten und in Anfängergruppen reicht es, dass die Kinder das Lied hören, die Spielaktionen ausführen und nur die Zeilen *"How do you feel today?"* und/oder die Textstellen, in denen die Bewegungen benannt werden, mitsingen.

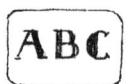 Fortgeschrittene Gruppen in der Grundschule und in weiterführenden Schule erhalten den Text und singen das ganze Lied.

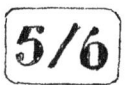 **Variante 1:** "Call and response"-Lied
Teilen Sie ihre Gruppe in zwei Hälften, und singen Sie das Lied als *"call and response"* mit Bewegungen. Dabei ist der Text wie folgt verteilt:

Gruppe A:	Gruppe B:
How do you feel today?	How do you feel today?
If you're feeling happy then clap your hands,	Feeling happy then clap your hands.

Gruppe A und B: Feeling happy then clap your hands,
                    Clap your hands like this.

Variante 2: Neue Strophen erfinden
Sie können auch weitere Strophen mit neuen Bewegungen hinzufügen, z.B. bezogen auf *"happy"*: *"snap you fingers, jump up high, say hoorah"*. Sie können auch Bewegungen für andere Stimmungen, z.B. *"angry"*, *"tired"*, *"scared"* hinzufügen. Wichtig ist, dass die Bewegungsanweisung immer aus drei Silben besteht, sonst kommen die Kinder aus dem Rhythmus.

What's your name?

Einfaches Kreisspiel

 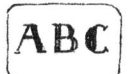 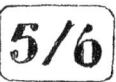

Zu den ersten Redewendungen, die wir in einer Fremdsprache lernen, gehört es, den eigenen Namen zu nennen und andere nach ihrem Namen zu fragen, auf englisch *"My name is ..."* und *"What's your name?"* Üben Sie das mit Ihrer Gruppe in einem Kreisspiel ein. Dazu brauchen Sie einen kleinen Ball. Alle sitzen im Kreis. Stellen Sie sich zunächst selbst vor: *"My name is ..."* (Vor- oder Nachname). Fragen Sie erst nacheinander einige Kinder: *"What's your name?"* Die Kinder antworten mit: *"My name is ..."* Dabei müssen Sie eventuell helfen. Werfen Sie dann den Ball einem Kind im Kreis zu und fragen dabei: *"What's your name?"* Das Kind fängt den Ball und nennt seinen Namen, z.B.: *"My name is Nick."* Danach tauschen Sie mit Nick den Platz.

Nick wirft den Ball einem anderen Kind zu und fragt: *"What's your name?"* Das Kind nennt seinen Namen, tauscht den Platz mit Nick, wirft den Ball einem anderen zu usw. Das Spiel endet, wenn alle dran waren.

Variante: als Ratespiel

Bei Kindern, die sich noch nicht so gut kennen, können Sie die Namen auch erraten lassen.

Sie werfen den Ball einem Kind im Kreis zu und sagen dabei: *"Your name is Laura."*

Haben Sie den Namen richtig erraten, antwortet Laura: *"Yes, that's right"*, und die Plätze werden getauscht. Nennen Sie einen falschen Namen, bleiben alle sitzen, und das Kind sagt: *"No, my name is Kate."* Kate ist nun an der Reihe, den Ball jemandem zuzuwerfen und den Namen zu erraten. Das geht so lange weiter, bis alle Namen richtig genannt wurden.

11

One, two, three, four
Einfaches Namensspiel mit Zahlen

One, two, **three**, four, **let's** play a **game**.
Five, six **seven**, eight, **what's** your **name**?
(Brigitte Schanz-Hering)

Kennen die Kinder noch keine Zahlen, müssen diese zunächst eingeübt werden. Zeigen Sie zum Zahlwort die Zahlen mit den Fingern. Lassen Sie dieses erst einige Kinder einzeln nachsprechen. Auf ein vorher verabredetes Signal hin (z.B. in die Hände klatschen oder auch *"all of you"* oder *"all together"* sagen) sprechen alle im Chor nach.

Alle sitzen oder stehen im Kreis. Der Reim wird abschnittsweise mehrfach vor- und nachgesprochen, bis ihn alle im Rhythmus auswendig sprechen können. Sagen Sie von der Kreismitte aus den Reim wie einen Abzählvers rhythmisch auf und zeigen bei jeder betonten (fett gedruckten) Silbe nacheinander auf ein Kind (im Uhrzeigersinn). Das Kind, auf das bei *"name"* gezeigt wird, nennt seinen Namen, z.B. *"My name is Nick."*, geht in die Kreismitte, und Sie nehmen den Platz des Kindes ein. Jetzt ist Nick an der Reihe, den Reim aufzusagen und nacheinander auf die Kinder im Kreis zu deuten. Er beginnt bei dem Kind, das links von seinem alten Platz sitzt, usw. Zur Abwechslung kann die Zählrichtung verändert werden.

5/6 **Variante für Fortgeschrittene:** Namen buchstabieren
In Gruppen, die das Alphabet bereits kennen, nennt das Kind, auf das bei *"name"* gezeigt wurde, seinen Namen, z.B. *"Clare"*, und das Kind in der Kreismitte muss jetzt beim Abzählen den Namen buchstabieren: "C-L-A-R-E". Bei jedem Buchstaben wird der Reihe nach auf ein anderes Kind gezeigt. Das Kind, das beim letzten Buchstaben dran ist, kommt in die Kreismitte, und das Spiel wird – wie oben beschrieben – fortgesetzt.

Zip-Zap

Namensspiel

Alle sitzen im Kreis. Sie stehen in der Kreismitte und zeigen auf einige Mädchen und Jungen, die Sie vorstellen. Sie verwenden dabei *"His name"* oder *"Her name is ..."*, bis allen klar geworden ist, dass man *"his"* für Jungen und *"her"* für Mädchen benutzt. Erklären Sie die Regel des Spiels: *"You say 'Zip' or 'Zap' or 'Zip-Zap'. 'Zip' means: say the name of the child on your left. 'Zap' means: say the name of the child on your right. 'Zip-Zap' means: everybody change seats."*

Demonstrieren Sie die verschiedenen Möglichkeiten, gegebenenfalls wird auf deutsch erklärt. Zeigen Sie nun auf ein Kind und sagen entweder *"Zip"* oder *"Zap"* oder *"Zip-Zap"*. Das Kind sagt entsprechend bei *"Zip"* den Namen des linken Nachbarn, z.B. *"His name is Oliver"*; bei *"Zap"* den Namen des Kindes auf der rechten Seite, z.B. *"Her name is Jenny"*.

Sollten die Kinder damit nicht zurechtkommen, akzeptieren Sie einfach nur die Namen, das ist sprachlich völlig korrekt. Bei *"Zip-Zap"* müssen alle die Plätze tauschen. Auch Sie versuchen, einen Platz zu bekommen. Wer übrig bleibt, leitet das Spiel in der nächsten Runde an.

Hello welcome  2

Begrüßungslied

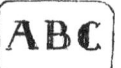 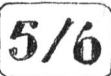

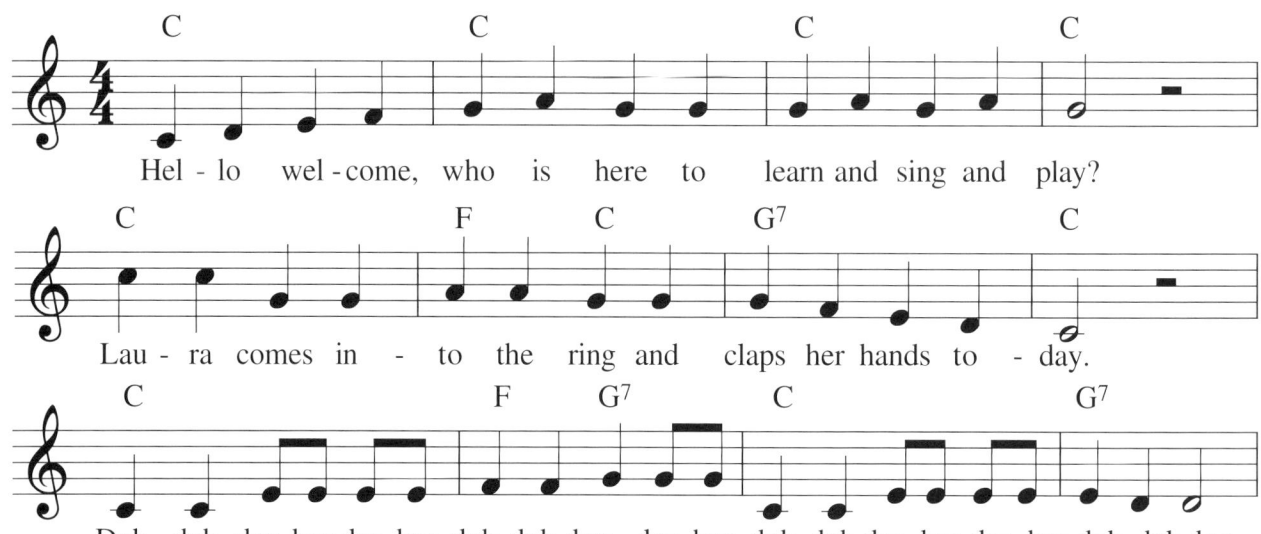

Hel - lo wel - come, who is here to learn and sing and play?

Lau - ra comes in - to the ring and claps her hands to - day.

Dub dub dee- bee dee- bee dub dub doo, dee- bee dub dub dee- bee dee- bee dub dub doo.

Dub dub dee- bee dee- bee dub dub doo, dee - bee dub dub dub dub doo.

1. Hello welcome, who is here
To learn and sing and play?
Laura comes into the ring
And claps her hands today.

Chorus
Dub dub dee-bee dee-bee dub dub doo,
Dee-bee, dub dub dee-bee-dee-bee dub dub doo.
Dub dub dee-bee dee-bee dub dub doo,
Dee-bee dub dub dub dub doo.

2. Hello welcome, who is here
To learn and sing and play?
Vanessa comes into the ring
And stamps her feet today.

Chorus

3. Hello welcome, who is here
To learn and sing and play?
Chris comes into the ring
And snaps his fingers today.

Chorus

(Musik: Wolfgang Hering
Text: Brigitte Schanz-Hering)

14

 Im Kindergarten singen Sie das Lied selbst oder hören es gemeinsam mit der Gruppe von der CD. Die Kinder kommen in den Kreis und machen die Bewegungen mit (s.u.). Wer kann und will, singt den Refrain mit.

 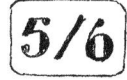 In Grundschule und Klasse 5/6 singen alle den Liedtext gemeinsam. Nach der Vorstellung des Liedes, entweder durch Vortrag mit Begleitinstrument oder über Tonträger, wird der Refrain des Liedes zunächst ohne Melodie im Rhythmus gesprochen, damit die Verteilung der Silben auf die Noten und die Betonungen klar sind. Dann kommt die Melodie dazu, und das Lied wird mehrmals von allen gesungen, bis es „sitzt"

 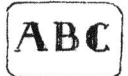 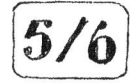 **Spiellied**

Alle sitzen im Kreis. Zunächst wird festgelegt, wer freiwillig in die Mitte kommt, z.B. „Anna". Alle singen die erste Strophe und ersetzen dabei „Laura" durch „Anna". Bei *"Anna comes into the ring"* kommt diese in den Kreis, bei der Zeile *"And claps her hands today"* klatscht sie in die Hände. Während des anschließenden Refrains klatschen alle mit. Beachten Sie, dass bei auftaktigen und dreisilbigen Namen (z.B. „Vanessa") die Pause im vorherigen Takt zum Einsetzen des Namens mitgenutzt werden muss. Bei einsilbigen Vornamen (z.B. „Chris") wird der Name langgezogen oder mit entsprechender Pause gesungen.

Nun gibt es verschiedene Möglichkeiten zu entscheiden, wer als nächstes in den Kreis kommen soll: Anna sucht jemanden aus; nach dem Alphabet; nach der Sitzordnung im Kreis.

Wer danach die Kreismitte verlässt, setzt sich auf den Platz des Nachfolgers, und das Lied wird erneut gesungen. Machen Sie so mehrere Durchgänge mit der gleichen Bewegung. Wechseln Sie dann die Spielvorgabe, z.B. *"And stamps her feet like this"*, machen Sie wieder mehrere Durchgänge und wechseln Sie dann erneut die Bewegung, z.B. *"touches her eyes"*. Achten Sie darauf, dass bei Jungennamen das Pronomen *"her"* zu *"his"* wird.

Weitere mögliche Aktivitäten:
"says hurrah, waves her (his) hand, gives a wiggle, jumps up high, tickles us all, nods his (her) head, closes her (his) eyes, turns around, snaps her (his) fingers, touches his (her) toes/nose/ears/head usw., shakes her (his) head, bends her (his) knees, combs her (his) hair, brushes her (his) teeth, ..." Achten Sie auf die Silbenverteilung: ideal sind drei Silben.

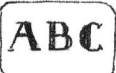 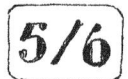

Variante 1: selbst auswählen

In fortgeschrittenen Gruppen können die Kinder die Tätigkeiten selbst auswählen. Entweder werden verschiedene Möglichkeiten zusammengetragen (Tafel), oder die Kinder ziehen Rollenkarten, auf denen je eine Tätigkeit steht. Das Lied singen alle gemeinsam. Nach der Zeile *"Laura comes into the ring"* wird eine Pause gemacht. Das Kind im Kreis macht die Bewegung vor, z. B. den Kopf schütteln, dann singen alle die letzte Zeile mit dem entsprechenden Text: *"And shakes her head like this."*

Variante 2: mehrere Kinder im Kreis

In großen Gruppen kommen mehrere Kinder gleichzeitig in den Kreis. Dann wird die dritte Zeile mehrmals hintereinander gesungen, z. B. *"Vanessa comes into the ring, Dominik comes into the ring, Peter comes into the ring, Clara comes into the ring ..."* Achtung! Jetzt muss die letzte Zeile verändert werden: *"And clap* their *hands like this"* oder *"And stamp* their *feet like this"*.

Hello new friends

Reim zur Begrüßung

 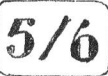

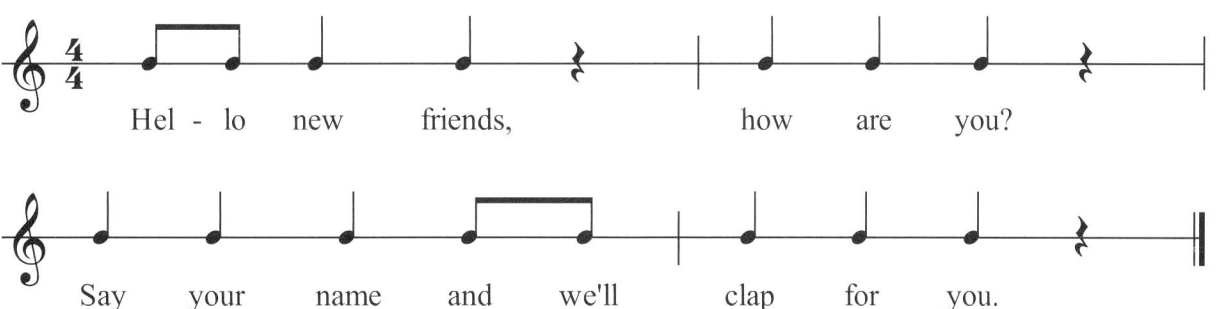

Hello new **friends**, **how** are **you**?
Say your **name** and we'll **clap** for **you**.

(mündlich überliefert)

Dieser einfache Vers ist für Gruppen geeignet, deren Mitglieder sich noch nicht untereinander kennen. Wissen die Kinder die anderen Namen bereits, lassen Sie das Wort *"new"* weg.

Alle sitzen im Kreis. Sie sprechen den Vers abschnittsweise im Rhythmus vor und erklären neue Wörter und Redewendungen. Alle wiederholen im Chor, bis der Reim keine Schwierigkeiten mehr bereitet. Alle sprechen den ganzen Text zusammen im Rhythmus mit. Im Kindergarten und anderen Gruppen mit jüngeren Kindern können Sie auch alleine den Reim vorsagen. Ein Kind, das vorher ausgewählt wurde (z. B. mit einem Abzählvers, s. S. 22), nennt seinen Namen: *"My name is Lisa."* oder *"I'm Lisa"* oder einfach nur *"Lisa."* Alle klatschen jetzt. Auf ein vorher verabredetes Zeichen hin (z. B. Hand hochhalten) wird das Klatschen beendet und auf einen neuen Einsatz hin (z. B. viermal schnipsen) der Vers erneut von allen gesprochen und das nächste Kind stellt sich vor. Das Spiel geht so lange weiter, bis jedes Kind einmal dran war. In großen Gruppen sagen mehrere Kinder nacheinander, wie sie heißen.

 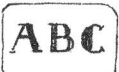 **Variante 1:** mit Fotos
Jedes Kind hat ein Foto mitgebracht. Die Fotos liegen mit der Bildseite nach unten in der Kreismitte. Alle sagen gemeinsam langsam den Vers auf, bei *"Say your name"* drehen Sie zwei oder drei Fotos um. Die Kinder, deren Fotos mit der Bildseite nach oben liegen, nennen ihren Namen. Alle sagen die letzte Zeile auf und klatschen danach. Dies wird solange wiederholt, bis alle Fotos mit der Bildseite nach oben liegen.

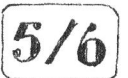 **Variante 2:** Bewegungsvers für Fortgeschrittene
An Stelle von *"clap"* werden Bewegungen oder Geräusche im Reim benannt und ausgeführt, z. B.: *"stamp, whistle, whisper, wiggle, jump, yawn, wobble, shake, box, hop, dance, shiver, sneeze, cough, hiss, boo, bark, moo, miaow, quack, cry, tickle ..."* Die Möglichkeiten werden gesammelt und gegebenenfalls schriftlich festgehalten. Jedes Kind entscheidet sich für eine Aktivität. Nun sagt das erste den Vers mit der von ihm gewählten Variante auf. Es wendet sich dabei seinem

linken Nachbarn zu. Dabei wird das Wort *"friends"* in *"friend"* umgeändert. Das Nachbarkind nennt seinen Namen. Alle führen die Aktivität aus. Wer sich vorgestellt hat, ist nun an der Reihe, usw.

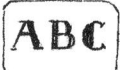 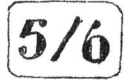 **Variante 3:** Rollenspiele
Sie nehmen die Frage ernst und regen die Kinder an, im Rollenspiel zu sagen, wie es ihnen geht. Zunächst müssen die möglichen Antworten auf die Frage *"How are you?"* eingeübt werden.

– wenn es einem gut (oder sehr gut) geht:　　*"I'm fine, thanks."* oder
　　　　　　　　　　　　　　　　　　　　　　"Fine, thanks." oder
　　　　　　　　　　　　　　　　　　　　　　"I'm very well, thanks."
– wenn es einem so einigermaßen geht:　　　*"I'm okay"* oder
　　　　　　　　　　　　　　　　　　　　　　"I'm all right." oder
　　　　　　　　　　　　　　　　　　　　　　"I'm not too bad."

Die letzte Antwort heißt mit britischem Understatement, dass es einem schon ziemlich schlecht geht. Die Kinder üben nun zu zweit kleine Gespräche ein und stellen sie dann den anderen vor. Sie können die Antworten auch steuern, indem Sie dem Kind, das antwortet, ein Rollenkärtchen geben, entweder mit einem lächelnden oder einem traurigen Gesicht. Jedes Kind sollte einmal die Frage stellen und einmal darauf antworten.

Ten little Indians  3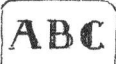

Bewegungslied mit Zahlen

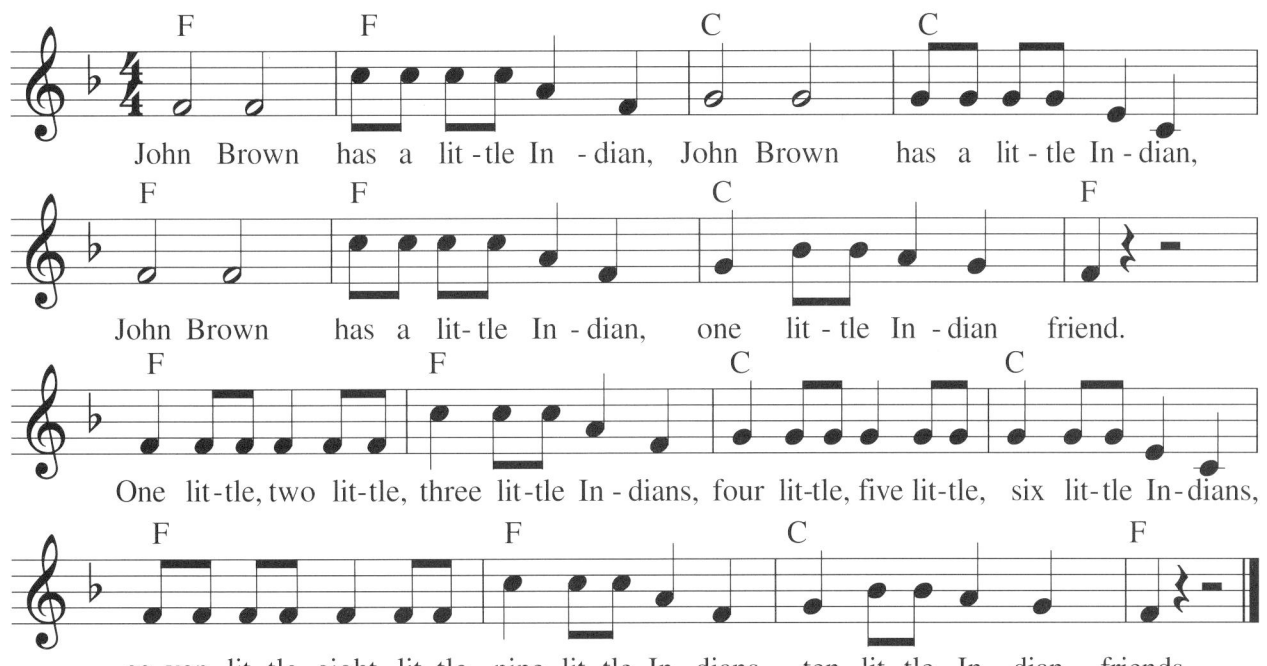

John Brown has a lit-tle In-dian, John Brown has a lit-tle In-dian,

John Brown has a lit-tle In-dian, one lit-tle In-dian friend.

One lit-tle, two lit-tle, three lit-tle In-dians, four lit-tle, five lit-tle, six lit-tle In-dians,

se-ven lit-tle, eight lit-tle, nine lit-tle In-dians, ten lit-tle In-dian friends.

1. John Brown has a little Indian,
John Brown has a little Indian,
John Brown has a little Indian,
One little Indian friend.

2. One little, two little, three little Indians,
Four little, five little, six little Indians,
Seven little, eight little, nine little Indians,
Ten little Indian friends.

3. John Brown has a little Indian,
John Brown has a little Indian,
John Brown has a little Indian,
Ten little Indian friends.

4. Ten little, nine little, eight little Indians,
Seven little, six little, five little Indians,
Four little, three little, two little Indians,
One little Indian friend.

5. John Brown has a little Indian,
John Brown has a little Indian,
John Brown has a little Indian,
One little Indian friend.

(Musik und Text: traditionell)

 Dieses sehr bekannte Kinderlied spielen Sie mit Begleitinstrument oder vom Tonträger vor. Sollten die Zahlen noch nicht bekannt sein, gehen Sie wie auf S. 12 beschrieben vor; Sie können auch Indianerfiguren oder Handpuppen nutzen. Erfinden Sie eine Geste für *"little"* und *"friend"*. Üben Sie das Lied mit der Gruppe ein. Wenn es „sitzt", werden die Zahlen von eins bis zehn unter den Kindern verteilt. Sie müssen sich merken, welche Zahl sie haben. Alle singen das Lied ganz langsam gemeinsam im Sitzen. Bei *"one"* steht das Kind auf, das vorher die entsprechende Zahl erhalten hat, bei *"two"* Nummer zwei, usw. Zur dritten Strophe bleiben alle zehn Kinder stehen.Während der vierten Strophe setzen sich alle wieder hin. Das Lied wird so oft gesungen, bis alle Kinder einmal *"John Brown's Indian friend"* gewesen sind. In Gruppen im Vorschulter kann die zweite Strophe mit dem Rückwärtszählen entfallen.

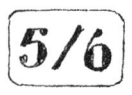 **Variante 1:** Schnellsingen
Das Lied wird von Strophe zu Strophe immer schneller gesungen.

Variante 2: Ten little children
Es wird nur eine Strophe mit folgendem Text gesungen:

One, little, two little, three little children,
Four little, five little, six little children,
Seven little, eight little, nine little children,
Ten little boys and girls.

Führen Sie zunächst die Wörter *"boy, girl, children"* ein, indem Sie sie durch Deuten auf Kinder in der Gruppe erklären. *"Tom is a boy. Philipp is a boy. Selina is a girl. Meike is a girl. Hannah is a girl ... You are all children."* Den Kindern werden dann Zahlen von 1 – 10 zugeordnet. Während des Vortragens stehen sie auf, wenn die entsprechende Zahl gesungen wird.

  **Variante 3:** Fingerspiel mit neuem Liedtext
Zur selben Melodie wird der folgende Text gesungen:

Chorus:
I have **ten** little **fin**gers,
I have **ten** little **fin**gers,
I have **ten** little **fin**gers,
Ten fingers **on** my hands.

One, little, two little, three little fingers,
Four little, five little, six little fingers,
Seven little, eight little, nine little fingers,
Ten fingers on my hands

Chorus

Ten little, nine little, eight little fingers,
Seven little, six little, five little fingers,
Four little, three little, two little fingers,
One finger on my hand.

Chorus

Während des Chorus werden alle Finger hochgehalten. Während der Strophen entspricht die Anzahl der gezeigten Finger der gerade gesungenen Zahl. In Anfängergruppen wird nur Chorus – 1. Strophe – Chorus gesungen. Das Rückwärtszählen entfällt.

Orange, purple, pink and blue

Rhythmisches Kreisspiel

ABC 5/6

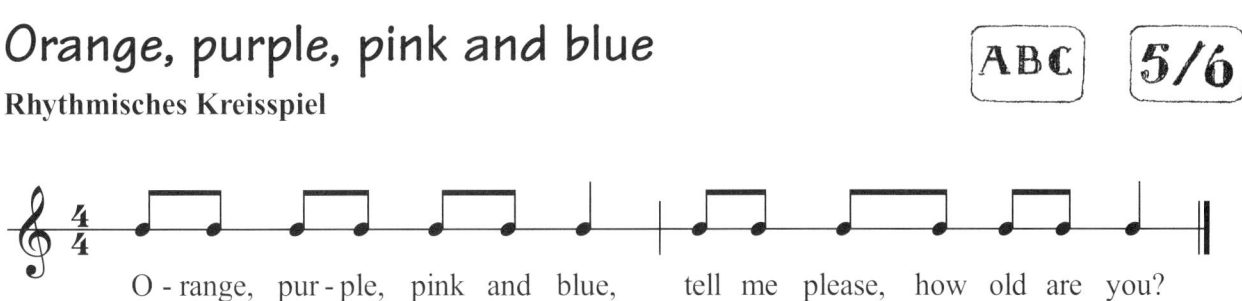

O - range, pur - ple, pink and blue, tell me please, how old are you?

Orange, **pur**ple, **pink** and **blue**,
Tell me **please**, how **old** are **you**?

(Brigitte Schanz-Hering)

Führen Sie die englischen Bezeichnungen der in dem Reim vorkommenden Farben ein und üben Sie mit den Kindern die Frage nach dem Alter *"How old are you?"* und die Antwort, z.B. *"I'm eight"* oder *"I'm eight years old"* oder einfach nur *"Eight"* Die Kinder üben zunächst den Rhythmus ein, dann stellen oder setzen sie sich im Kreis. Die Spielleitung steht in der Kreismitte. Beginnen Sie bei irgendeinem Kind. Sagen Sie den Vers auf und zeigen bei jeder betonten Silbe auf ein anderes Kind. Das Kind, auf das bei dem Wort *"you"* gezeigt wird, sagt, wie alt es ist. Dann zählen Sie acht Kinder aus dem Kreis ab, indem Sie nacheinander auf sie zeigen und dabei laut auf englisch die Zahlen von eins bis acht sagen. Das Kind, auf das bei *"eight"* gezeigt wird, geht dann in die Mitte, übernimmt die Spielleitung, und Sie gehen an seinen Platz. Das Spiel beginnt wieder von vorne.

Apples, peaches

Abzählvers als Kreisspiel

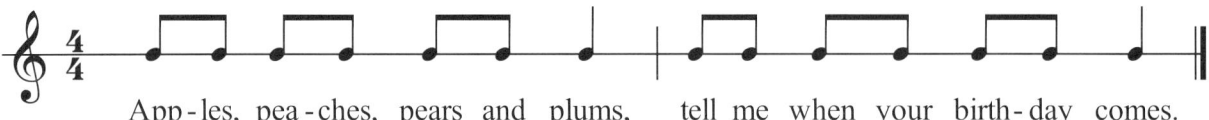

App-les, pea-ches, pears and plums, tell me when your birth-day comes.

Apples, **pea**ches, **pears** and **plums**,
Tell me **when** your **birth**day **comes**.

(traditionell)

Erläutern Sie zunächst die unbekannten Wörter (Obstsorten) und üben Sie die Monatsnamen ein. Für das Spiel stehen oder sitzen die Kinder im Kreis. Beim ersten Durchgang gehen Sie in die Mitte, sagen die beiden Zeilen auf und zeigen bei jeder betonten Silbe nacheinander auf ein Kind. Das Kind, auf das bei *"comes"* gezeigt wird, sagt den anderen, in welchem Monat es Geburtstag hat, z.B. *"June"* oder *"My birthday is in June"*. In fortgeschrittenen Lerngruppen können die Kinder auch das Datum ihres Geburtstages nennen, z.B. *"My birthday is on the thirteenth of June"*. Nun werden die Monatsnamen von Januar bis Juni aufgezählt: *"January – February – March – April – June"*. Dabei zeigen Sie wieder der Reihe nach auf ein Kind im Kreis. Wer bei *"June"* dran ist, leitet das Spiel in der nächsten Runde an.

5/6 **Variante:** Buchstabieren Anstatt die Monatsnamen aufzuzählen, buchstabiert die Spielleitung den Monatsnamen (J – U – N – E) und zeigt dabei wieder der Reihe nach auf Kinder im Kreis. Das Kind, auf das beim letzten Buchstaben gedeutet wird, leitet als nächstes das Spiel an.

Icky-bicky soda cracker

Auszählreim

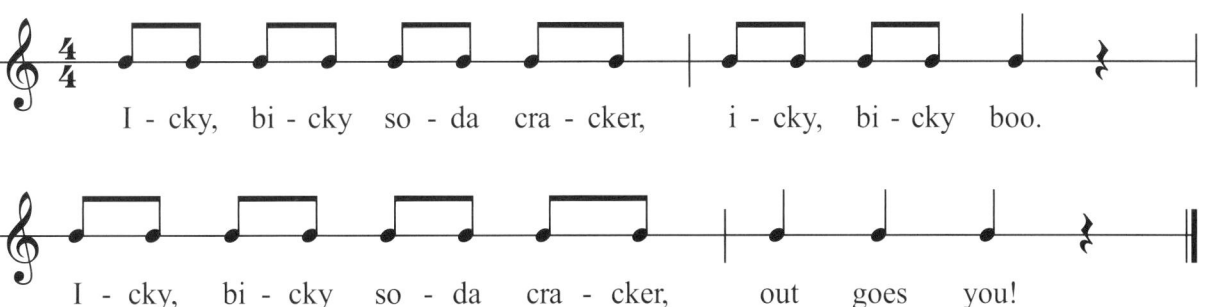

I - cky, bi - cky so - da cra - cker, i - cky, bi - cky boo.

I - cky, bi - cky so - da cra - cker, out goes you!

Icky, **bic**ky **so**da **crack**er,
Icky, **bic**ky **boo**,
Icky, **bic**ky **so**da **crack**er,
Out goes you!

(traditionell)

Am Anfang sagen Sie diesen einfachen Nonsense-Auszählreim selbst auf und zeigen bei jedem Wort der Reihe nach auf ein anderes Kind. Das Kind, auf das bei *"you"* gezeigt wird, darf als nächstes den Text sagen, usw. Ist er allen geläufig, wird er auch bei anderen Spielen und Aktivitäten zum Auszählen benutzt.

Variante: Ausscheiden
In kleineren Gruppen scheidet das Kind aus, auf das bei *"out"* gezeigt wird. Der Vers wird solange wiederholt, bis nur noch ein Kind übrig ist, das dann beginnen darf.

ABC

Auszählreim für Fortgeschrittene

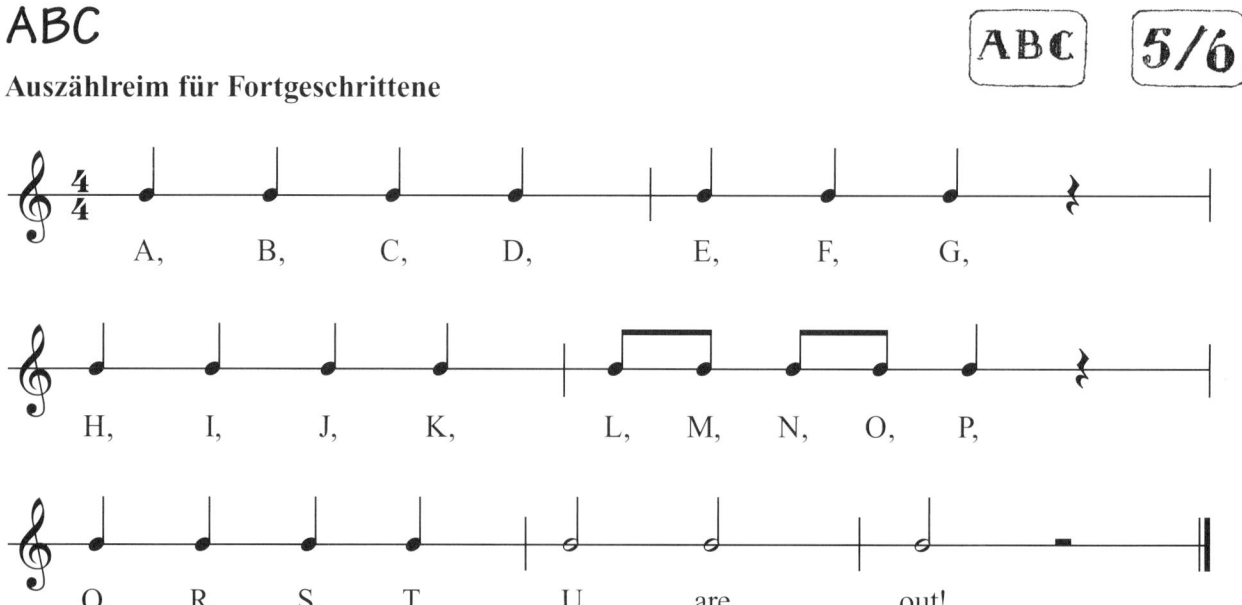

A, B, C, D, E, F, G,

H, I, J, K, L, M, N, O, P,

Q, R, S, T, U are out!

A, B, **C**, D, **E**, F, **G**,
H, I, **J**, K, **L**, M, **N**, O, **P**,
Q, R, **S**, T,
U are out!

(traditionell)

Mit diesem Abzählreim lässt sich das Alphabet lernen oder üben. Die hervorgehobenen Buchstaben sind betont. Beim Nennen dieser Buchstaben wird jeweils auf ein Kind gezeigt.

Polly put the kettle on

Kreisspiel zum "Warming up"

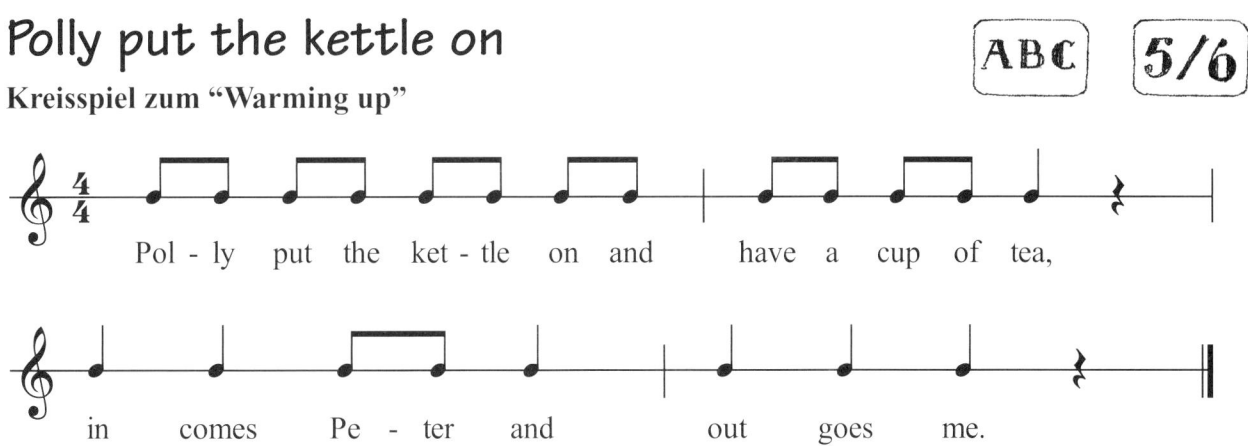

Polly put the **ket**tle on and **have** a cup of **tea**,
In comes **Pe**ter and **out** goes **me**.

(traditionell)

Dieser *"nursery rhyme"* eignet sich gut als Einstieg in eine Englisch-Phase oder in eine Unterrichtsstunde bei Gruppen, die sich bereits kennen. Erklären Sie die neuen Wörter und üben Sie das Gedicht
abschnittweise ein. Dann gehen Sie als Spielleitung in die Kreismitte. Alle sprechen den Text rhythmisch mit. Sie haben sich zwischenzeitlich ausgedacht, wer an Ihrer Stelle in den Kreis soll und sagen
z. B. : *"In comes Laura and out goes me."* Nun kommt Laura in den Kreis, Sie gehen an ihren Platz,
und alle sagen – auf Ihr Einsatzzeichen hin – wieder: *"Polly put the kettle on and have a cup of tea."*
Nun spricht das Kind in der Kreismitte alleine: *"In comes ..."*, holt dabei ein anderes Kind aus dem
Kreis und geht mit den Worten *"and out goes me"* an dessen Platz.

Variante: mit Springseil
Alle stellen sich in einem großen Kreis auf; zwei Kinder schwingen in der Mitte gleichmäßig ein langes Springseil . Ein Kind hüpft über das Seil und sagt dabei den Vers auf. Bei *"In comes Peter"* ruft
es ein anderes Kind zum Hüpfen herbei, und bei *"out goes me"* geht es in den Kreis zurück, usw.

Walkie-Talkie

Konzentrationsspiel

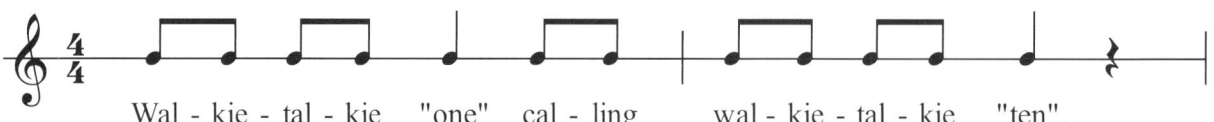

Wal - kie - tal - kie "one" cal - ling   wal - kie - tal - kie "ten",

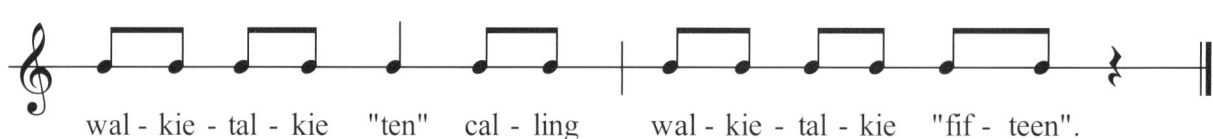

wal - kie - tal - kie "ten" cal - ling   wal - kie - tal - kie "fif - teen".

Walkie-**tal**kie **"one"** calling **wal**kie-**tal**kie **"ten"**,
Walkie-**tal**kie **"ten"** calling **wal**kie-**tal**kie "**fif**teen".

(Text: Brigitte Schanz-Hering)

26

Je nach Größe der Gruppe, mit der Sie arbeiten, müssen die Zahlen bekannt sein oder geübt werden; bei zehn Kindern z. B. die Zahlen von eins bis zehn. Alle sitzen im Kreis und müssen sich sehr konzentrieren. Der Text wird rhythmisch gesprochen und von Bewegungen begleitet:

Text	Bewegung
Walkie	*mit beiden Händen auf die Oberschenkel patschen*
Talkie	*in die Hände klatschen*
One (oder andere Zahl)	*mit dem rechten Daumen hinter die rechte Schulter zeigen*
Calling	*mit dem linken Daumen hinter die linke Schulter zeigen*

Jedem Kind wird der Reihe nach im Kreis eine Zahl zugeordnet, beginnend mit *"one"*. *"One"* (das sind am besten Sie selbst) sagt den Vers rhythmisch auf; die Bewegungen werden von allen mitgemacht. Dabei muss darauf geachtet werden, dass das Klatschen und Patschen nicht zu laut erfolgt, damit sich alle verstehen. Wenn die erste Zeile z. B. heißt *"Walkie-talkie one calling walkie-talkie ten"*, muss *"ten"* reagieren und, im Rhythmus bleibend, jemanden anderen rufen, z. B.: *"Walkie-talkie ten calling walkie-talkie eight."* Jetzt ist *"eight"* an der Reihe, usw. Bei größeren Gruppen und mehrsilbigen Zahlen, z. B. *"twenty-seven"* muss das Zahlwort ganz schnell (als Sechzehntel-Noten) gesprochen werden. Hier ein Beispiel:

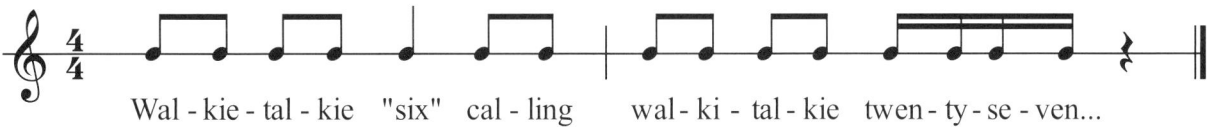

Bei diesem Spiel müssen die Kinder sehr schnell reagieren und gleichzeitig mit den Bewegungen im Rhythmus bleiben. Es empfiehlt sich, langsam zu beginnen und die Geschwindigkeit zu steigern, sobald Text, Rhythmus und Bewegungen besser koordiniert werden können. Wer aus dem Rhythmus kommt, seinen Einsatz verpasst oder sich versprochen hat, scheidet aus.

Variante 1: mit Namen
Statt Zahlen nehmen Sie die Vornamen der Kinder, z. B. *"Walkie-talkie Chris calling walkie-talkie Anne"*. Jetzt ist Anne an der Reihe und ruft ein anderes Kind aus der Gruppe: *"Walkie-talkie Anne calling walkie-talkie Nico."*

Variante 2: mit neuen Wortfeldern
In kleineren Gruppen können Sie den Kindern auch Tiernamen, Farben, Obst- und Gemüsesorten oder Namen aus anderen Wortfeldern, die gerade thematisiert werden, zuordnen und nach gleichem Schema wie oben beschrieben das Kreisspiel durchführen.

Who stole the cookies from the cookie jar? ⊙ 25

Rhythmisches Call-and Response-Namensspiel

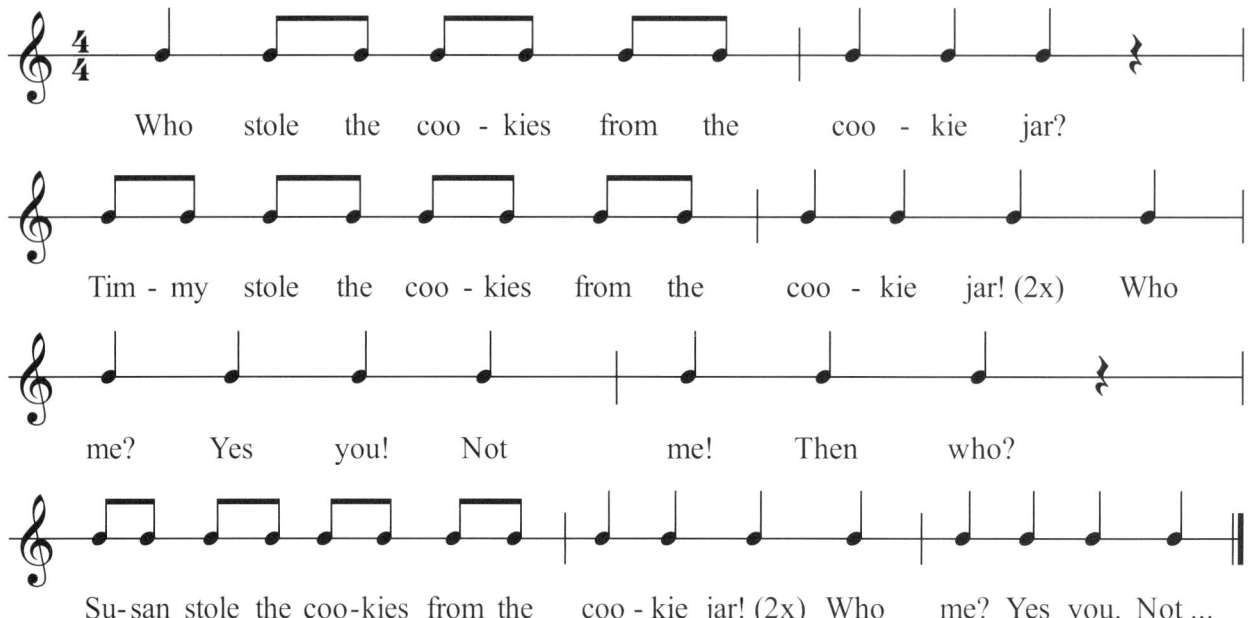

Who stole the coo - kies from the coo - kie jar?

Tim - my stole the coo - kies from the coo - kie jar! (2x) Who

me? Yes you! Not me! Then who?

Su - san stole the coo - kies from the coo - kie jar! (2x) Who me? Yes you. Not ...

(traditionell)

Alle:	**Who** stole the **coo**kies from the **coo**kie **jar**?
Spielleitung:	**Tim**my stole the **coo**kies from the **coo**kie **jar**!
Alle:	**Tim**my stole the **coo**kies from the **coo**kie **jar**!
Timmy:	Who **me**?
Alle:	Yes, **you**!
Timmy:	Not **me**!
Alle:	Then **who**?
Timmy:	**Su**san stole the **coo**kies from the **coo**kie **jar**!
Alle:	**Su**san stole the **coo**kies from the **coo**kie **jar**!
Susan:	Who **me**?
Alle:	Yes, **you**!
Susan:	Not **me**!
Alle:	Then **who**?
Susan:	**A**lex stole the **coo**kies from the **coo**kie **jar**!
Alle:	**A**lex stole the **coo**kies from the **coo**kie **jar**!
Alex:	Who **me**?
Alle:	Yes **you**!
....	

Der Text kann mit einem leisen (!) Patschen (auf die Knie) und Klatschen (in die Hände) oder anderen Klanggesten rhythmisch begleitet werden. Wer Schwierigkeiten mit dem Tempo hat, fügt jeweils nach *"Who me?"*, *"Yes, you!"*, *"Not me!"* und *"Then who?"* eine Pause ein.

Die Gruppe sitzt im Kreis. Und alle sagen den rhythmisierten Text, der vorher gut eingeübt wurde: *"Who stole the cookies from the cookie jar?"* Dann machen Sie als Spielleitung alleine weiter und beschuldigen ein Kind: *"Timmy stole the cookies from the cookie jar."* Timmy muss nun reagieren mit: *"Who me?"* Die ganze Gruppe ruft: *"Yes, you!"* Timmy wehrt ab: *"Not me."* Die ganze Gruppe fragt: *"Then who?"* Timmy beschuldigt nun Susan: *"Susan stole the cookies from the cookie jar."* Alle wiederholen: *"Susan stole the cookies from the cookie jar."* Jetzt ist Susan an der Reihe, und das Spiel geht weiter, bis alle Namen genannt wurden. Wichtig ist dabei, im Rhythmus zu bleiben. Wenn dieser „sitzt", kann die Geschwindigkeit gesteigert werden. Am Schluss verteilen Sie vielleicht eine Runde *"cookies"*.

2. Here we go Looby Loo

Lieder und Spiele von Kopf bis Fuß

In diesem Kapitel ist viel Bewegung angesagt. Die Lieder, Tänze, Reime, Klatsch- und Fingerspiele drehen sich rund um die Körperteile. Meist sind die Spielanregungen durch die Texte vorgegeben. Neue Wörter werden durch Vormachen und Imitieren eingeführt.

Looby Loo ⦿ 4

Tanzlied

 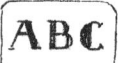 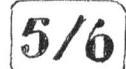

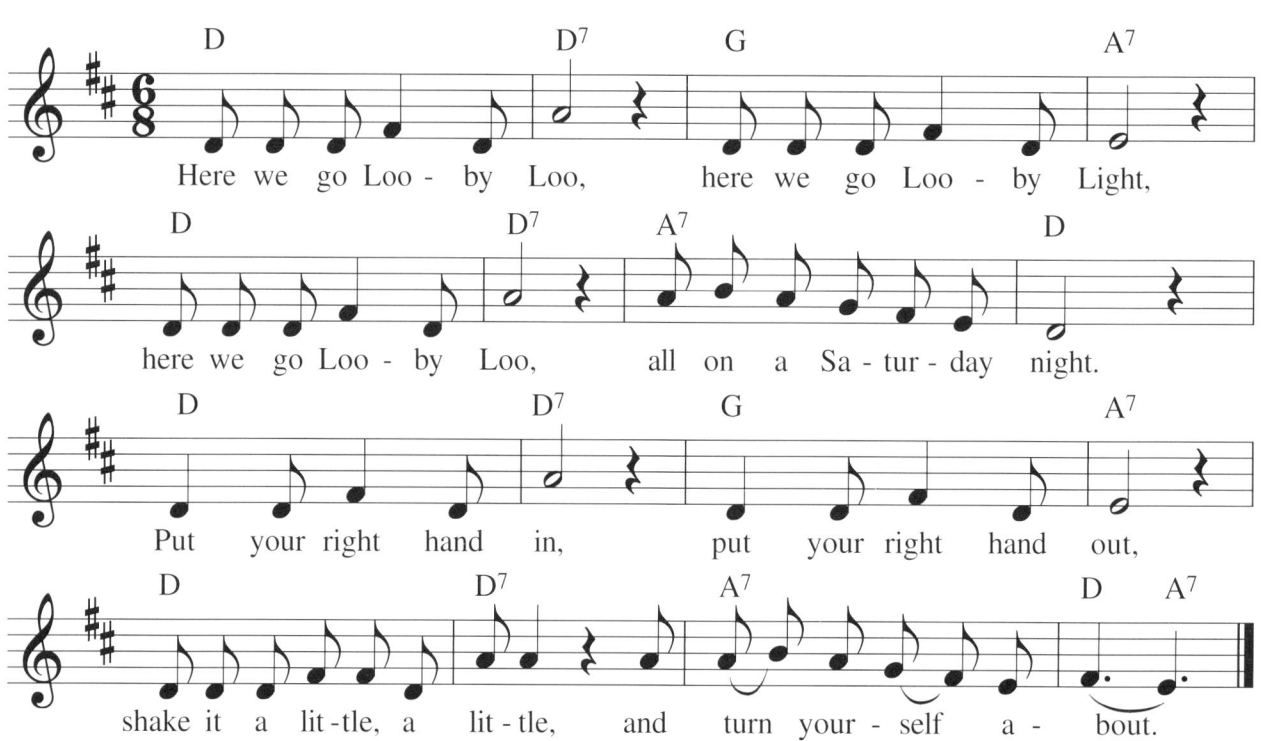

Chorus:	2. Put your left hand in...	5. Put your head in ....
Here we go Looby Loo,		
Here we go Looby Light,	Chorus	Chorus
Here we go Looby Loo,		
All on a Saturday night.	3. Put your right foot in ...	6. Put your whole self in ...
1. Put your right hand in,	Chorus	Chorus
Put your right hand out,		
Shake it a little, a little,	4. Put your left hip in ...	(Musik und Text: traditionell)
And turn yourself about.		
	Chorus	
Chorus		

Nach Einüben des Gesangs und Klärung der Wortbedeutungen stellen sich die Kinder im Kreis auf. Während des Refrains fassen sich alle an den Händen und laufen rhythmisch im Uhrzeigersinn im Kreis herum. Wenn möglich, beginnen alle gleichzeitig mit dem rechten Fuß. Während der Strophen bleiben die Kinder stehen, mit Blickrichtung zur Kreismitte, und führen die genannten Bewegungen aus.

Variante: neue Strophen
Weitere Strophen entstehen durch Einsetzen anderer Körperteile, z. B. *"left foot, right hip, thumb ..."*

Here are my ears

Fingerspiel

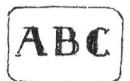

Here are my **ears**.	**Here** are my **eyes**,	**Here** is my **tongue**,	**Here** are my **hands**,
Here is my **nose**.	**Both** open **wide**.	That **helps** me **speak**.	That **help** me **play**.
Here are my **fin**gers.	**Here** is my **mouth**,	**Here** is my **chin**.	**Here** are my **feet**,
Here are my **toes**.	With my **teeth** in**side**.	**Here** are my **cheeks**.	For **walk**ing to**day**.

(mündlich überliefert)

Ein Kind aus Pappe, eine große Puppe oder eine Figur auf einer Filztafel hilft bei der Einführung der englischen Bezeichnungen für die Körperteile. Sie können auch auf Ihre eigenen Augen, Nase, Ohren, etc. zeigen. Sprechen Sie die englische Bezeichnung vor. Einzelne Kinder sprechen das jeweilige Wort nach, und alle sagen dann gemeinsam den neuen Begriff. Gehen Sie abschnittweise vor und führen so zunächst die Wörter der ersten Strophe ein. Wenn *"ears, nose, fingers, toes"* genannt sind, sagen Sie die erste Strophe des Gedichtes auf, lassen dabei die Bezeichnungen der Körperteile weg und zeigen stattdessen darauf. Die Kinder rufen die englische Bezeichnung des jeweiligen Körperteils, also sagen Sie z. B. *"Here are my ..."* und zeigen dabei auf die Finger der Pappfigur, Filztafel, Puppe oder halten Ihre eigenen Finger hoch, rufen die Kinder *"fingers!"* Dann sprechen alle gemeinsam die ganze erste Strophe und zeigen dabei auf die entsprechenden Körperteile. Gehen Sie so Strophe für Strophe vor. In der letzen Strophe strecken Sie und die Kinder bei *"That help me play"* die Hände hoch, bei *"For walking today"* laufen alle auf der Stelle. Zum Abschluss sagen Sie noch einmal das ganze Gedicht auf, und die Kinder machen die Bewegungen dazu.

 **Hinweis:**
Im Kindergarten arbeiten Sie nur mit jeweils einer Strophe. Am nächsten Tag wiederholen Sie die erste und bringen die zweite Strophe neu ein, usw.

Variante: weitere Körperteile
Führen Sie weitere Körperteile ein, die nicht im Gedicht vorkommen. Gehen Sie wie oben beschrieben vor.

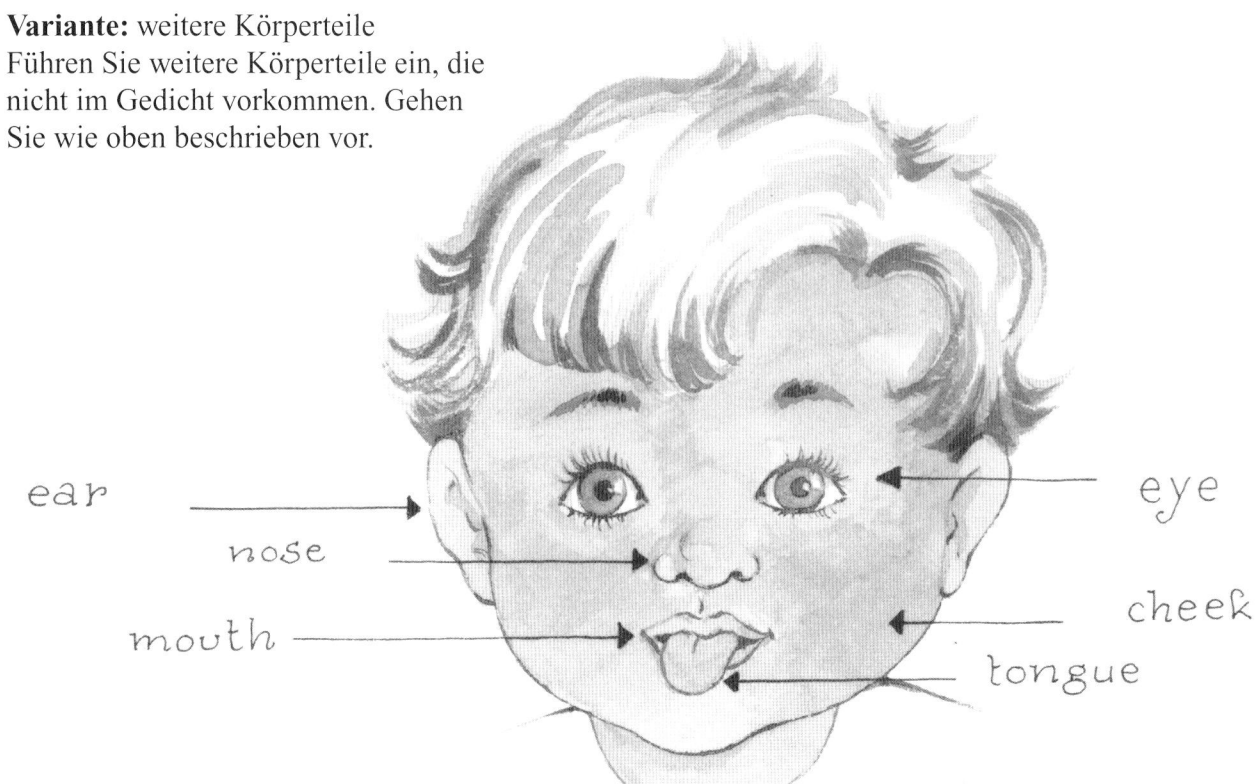

Teddy bear, teddy bear  26

Bewegungsreim

Ted-dy bear, ted-dy bear, turn a-round, ted-dy bear, ted-dy bear, touch the ground.

Ted-dy bear, ted-dy bear, reach up high, ted-dy bear, ted-dy bear, touch the sky.

Ted-dy bear, ted-dy bear, bend down low, ted-dy bear, ted-dy bear, touch your toe.

Teddy bear, **ted**dy bear, **turn** a**round**,
Teddy bear, **ted**dy bear, **touch** the **ground**.
Teddy bear, **ted**dy bear, **reach** up **high**,
Teddy bear, **ted**dy bear, **touch** the **sky**.
Teddy bear, **ted**dy bear, **bend** down **low**,
Teddy bear, **ted**dy bear, **touch** your **toe**.

(traditionell)

Alle stehen im Kreis, sagen das Gedicht auf und machen zum Text die passenden Bewegungen.

Text:	**Bewegung:**
Teddy bear, teddy bear, turn around,	*einmal im Uhrzeigersinn um sich selbst herum drehen*
Teddy bear, teddy bear, touch the ground.	*den Boden berühren*
Teddy bear, teddy bear, reach up high,	*wieder hochkommen, Arme gehen in die Luft*
Teddy bear, teddy bear, touch the sky.	*beide Arme gestreckt nach oben halten*
Teddy bear, teddy bear, bend down low,	*nach unten bücken*
Teddy bear, teddy bear, touch your toe.	*Zehen berühren*

Head and shoulders

Klatschvers

 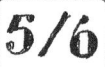

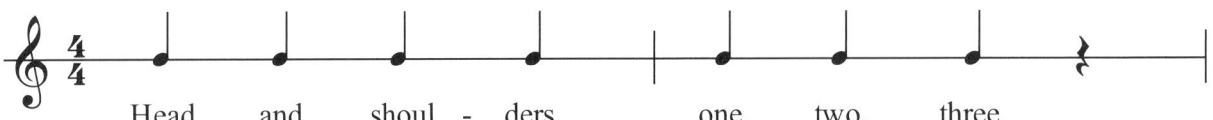

Head   and   shoul - ders,   one,   two,   three.

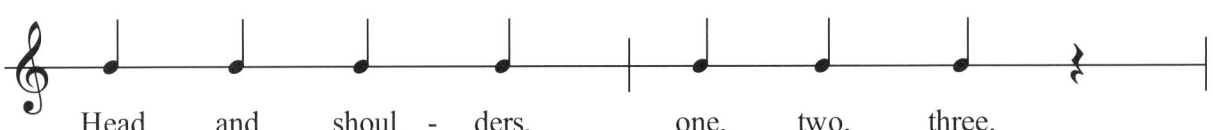

Head   and   shoul - ders,   one,   two,   three.

Head   and   shoul - ders,   head   and   shoul - ders,

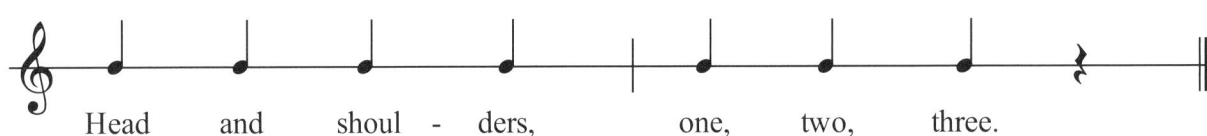

Head   and   shoul - ders,   one,   two,   three.

1. **Head** and **shoul**ders,
       One, two, **three**.
   Head and **shoul**ders,
       One, two, **three**.
   Head and **shoul**ders,
       Head and **shoul**ders,
   Head and **shoul**ders,
       One, two, **three**.

2. **Knees** and **toes**,
       One, two, **three**.
   Knees and **toes**,
       One, two, **three**.
   Knees and **toes**,
       Knees and **toes**,
   Knees and **toes**,
       One, two, **three**.

3. **Touch** the ground, ...

4. **Turn** around, ...

(mündlich überliefert/bearbeitet von Brigitte Schanz-Hering)

Alle stehen im Kreis. Sie sprechen die Zeilen vor und zeigen auf die Körperteile, die benannt werden. Bei *"one, two, three"* wird in die Hände geklatscht (pro Wort ein Klatscher). Beim zweiten Mal können schon einige mitmachen. Es wird so lange geübt, bis alle den Reim sprechen und dazu die Bewegungen ausführen können. Bei sehr kleinen Kinder reicht es, wenn sie den Vers hören, verstehen und die Bewegungen mitmachen.

Variante 1: Geschwindigkeit steigern
Der Vers wird am Anfang ganz langsam und zum Schluss „rasend schnell" gesprochen. Achtung, in der vierten Strophe kann einem ganz schön schwindlig werden! Es ist auch möglich, nur eine Strophe mehrmals hintereinander, immer schneller werdend, zu sprechen.

Variante 2: Textveränderung und Sprechen in verteilten Rollen (Jungen/Mädchen)

Jungen:	Head and shoulders, girls,	*Alle Mädchen berühren Kopf und Schultern.*
	One, two, three.	*Alle Mädchen klatschen dreimal in die Hände.*
Mädchen:	Head and shoulders, boys,	*Alle Jungen berühren Kopf und Schultern.*
	One, two, three.	*Alle Jungen klatschen dreimal in die Hände.*
Alle:	Head and shoulders,	*Mädchen und Jungen zeigen auf Kopf und Schultern.*
	Head and shoulders,	*Mädchen und Jungen zeigen auf Kopf und Schultern.*
	Head and shoulders, children,	*Mädchen und Jungen zeigen auf Kopf und Schultern.*
	One, two, three.	*Mädchen und Jungen klatschen in die Hände.*

Die Silbenverteilung lehnt sich an den Originaltext, d. h. auf den vierten Taktschlag wird die zweite Silbe von shoul*ders*, zusammen mit *"girls"* (bzw. *"boys"*) als Achtel gesprochen.

Variante 3: Strophen erfinden
Für neue Strophen werden andere Körperteile benannt, z. B. *"ears and nose"* oder *"eyes and mouth"*. Oder Sie wechseln zum Thema Farben, z. B. *"orange and purple"* oder *"red and blue"*, Obst- *"apples and pears"* oder Gemüsesorten *"carrots and beans"*. Der Fantasie sind hier keine Grenzen gesetzt.

Open, shut them ⊙5

Fingerspiel-Lied

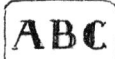

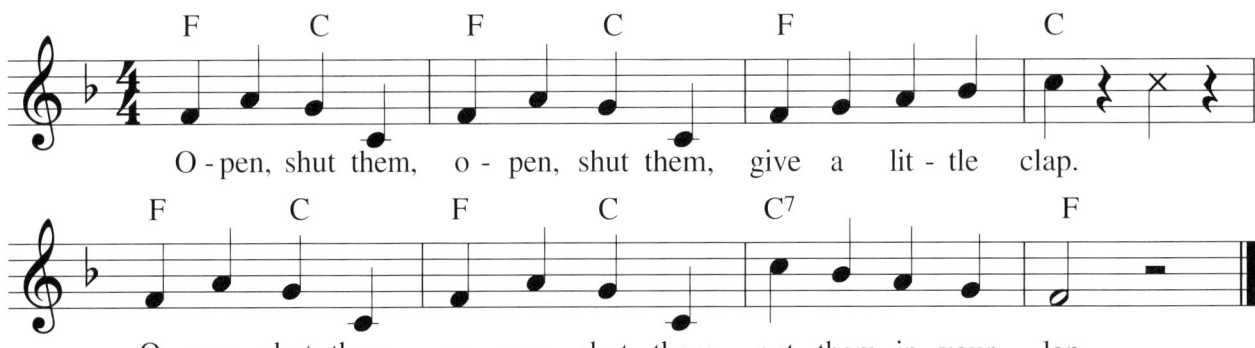

O - pen, shut them, o - pen, shut them, give a lit - tle clap.

O - pen, shut them, o - pen, shut them, put them in your lap.

1. **Open**, **shut** them,
Open, **shut** them,
Give a **litt**le **clap**.
Open, **shut** them,
Open, **shut** them,
Put them **in** your **lap**.

2. **Creep** them, **creep** them,
Creep them, **creep** them,
Right up **to** your **chin**,
Open **up** your **little mouth**.
But **do** not **let** them **in**.

(Musik und Text traditionell)

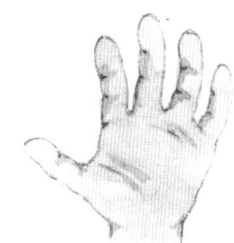

"Open, shut them" ist sowohl als Lied als auch als Sprechvers bekannt. Alle sitzen im Kreis; die Hände auf Augenhöhe werden mit der Handfläche nach innen zur Faust geschlossen. Sagen Sie zunächst die erste Strophe im Rhythmus auf und machen die Bewegungen (siehe unten) dazu vor; die Kinder machen nach und nach mit. Sprechen Sie Zeile für Zeile und lassen die Kinder Text und Bewegungen wiederholen, entweder alle oder einzeln. Wenn der Sprechvers sitzt, singen alle und machen gemeinsam die Bewegungen.

Text:	**Bewegungen:**
Open, shut them (2x)	*Faust öffnen und schließen.*
Give a little clap	*in die Hände klatschen; pro Silbe ein Klatscher, danach die Hände wieder zur Faust schließen*
Open, shut them (2x)	*Faust öffnen und schließen*
Put them in your lap.	*Hände ruhen auf den Oberschenkeln*
Creep them, creep them (2x)	*mit beiden Händen vom Bauch aus in Richtung Kopf „hochwandern"*
Right upon your chin	*mit den Fingerspitzen beider Hände das Kinn berühren*
Creep them, creep them (2x)	*mit beiden Händen vom Bauch aus in Richtung Kopf wandern*
Open up your little mouth	*Mund weit aufreißen*
But do not let them in.	*Hände hinter dem Rücken verstecken*

Clap, clap hands
Klatschvers

Clap, clap hands, one, two, three,

put your hands u - pon your knees,

lift them high to touch the sky,

clap, clap hands and a - way they fly.

Clap, clap **hands**, **one**, two, **three**,
Put your **hands** u**pon** your **knees**,
Lift them **high** to **touch** the **sky**,
Clap, clap **hands** and a**way** they **fly**.

(traditionell)

Die Bewegungen können im Sitzen oder im Stehen ausgeführt werden. Zum Text werden folgende Bewegungen gemacht:

Text:	Bewegungen:
Clap, clap hands, one, two, three,	*im Rhythmus in die Hände klatschen; je Wort ein Klatscher*
Put your hands upon your knees,	*Hände auf die Knie legen*
Lift them high to touch the sky,	*beide Arme in die Luft halten*
Clap, clap hands and away they fly.	*dreimal in die Hände klatschen und Hände über dem Kopf erhoben „wegfliegen" lassen*

Ten little fingers

Fingerspiel

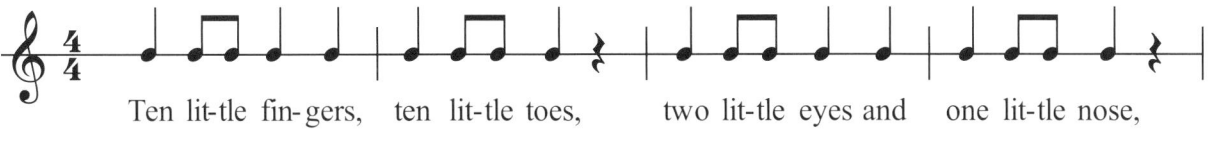

Ten lit-tle fin-gers, ten lit-tle toes, two lit-tle eyes and one lit-tle nose,

two lit-tle cheeks, one lit-tle chin and one lit-tle mouth where the tof-fee goes in!

Ten little **fin**gers,
Ten little **toes**,
Two little **eyes** and
One little **nose**,
Two little **cheeks**,
One little **chin** and
One little **mouth** where the **tof**fee goes **in**!

(mündlich überliefert)

Sprechen Sie die erste Zeile vor und zeigen dabei alle zehn Finger. Die Kinder machen dies nach und sprechen dazu den Text. Verfahren Sie ebenso mit den restlichen Zeilen und zeigen auf die angeführten Körperteile. Alle sagen gemeinsam den ganzen Vers im Rhythmus auf. Mehrere Male wiederholen, bis alle den Text gut sprechen und dabei auf die jeweiligen Körperteile zeigen können. Danach sprechen Sie die Zeilen vor, ohne dass Sie selbst auf die entsprechenden Körperteile zeigen. Dies machen jetzt die Kinder, und Sie können dabei feststellen, wer die Wörter verstanden hat und wer noch Hilfe braucht.

Hinweis:
Als „Belohnung" gibt es nach der letzten Zeile für jedes Kind einen *"toffee"* oder (entsprechendes Wort einsetzen) einen *"cookie"* oder *"cherry"*, *"strawberry"*, *"peanut"*

We can jump 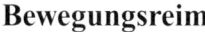 27

Bewegungsreim

We can jump, jump, jump, we can hop, hop, hop, we can

clap, clap, clap, we can stop. We can

nod ou - r heads for yes, we can shake ou - r heads for no. We can

bend ou - r knees a lit - tle bit and sit down slow.

We can **jump,** jump, **jump,**
We can **hop,** hop, **hop,**
We can **clap,** clap, **clap,**
We can **stop.**

We can **nod** our heads for **yes,**
We can **shake** our heads for **no.**
We can **bend** our knees a **little** bit
And **sit** down **slow.**

(mündlich überliefert, bearbeitet von Brigitte Schanz-Hering)

Dieser Vers eignet sich für den Beginn des Stuhlkreises. Alle stehen vor
ihren Stühlen und führen die im Text genannten Bewegungen aus:
bei *"jump"* dreimal mit beiden Beinen in die Luft springen, bei *"hop"*
dreimal auf dem rechten Bein hochhüpfen, bei *"clap"* dreimal in die
Hände klatschen, bei *"stop"* wie „eingefroren" stehen bleiben.
In der zweiten Strophe bei *"nod our heads"* dreimal mit dem
Kopf nicken, bei *"shake our heads"* mit dem Kopf schütteln und bei *"bend our knees"* die Knie leicht
beugen. In der letzten Zeile setzen sich alle auf ihren Stuhl.

Come on and join into the game 6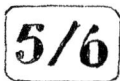

Bewegungs- und Geräuschelied

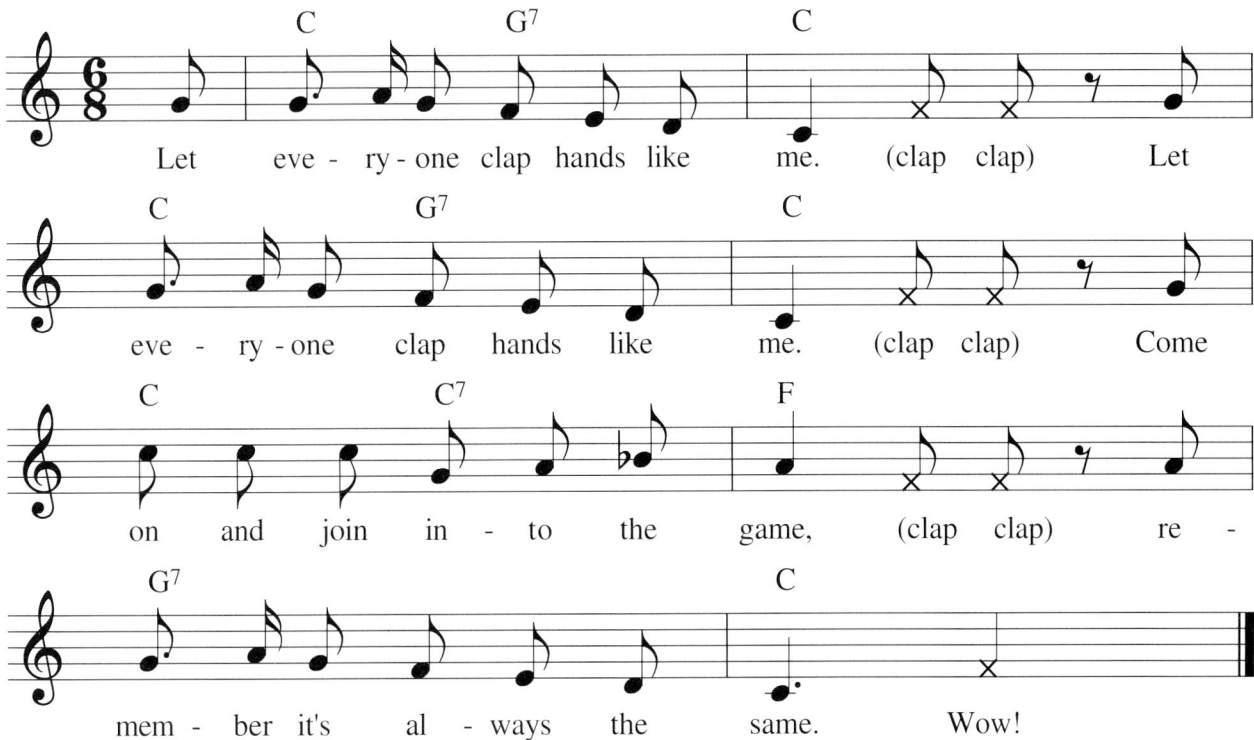

1. Let everyone clap hands like me.
Let everyone clap hands like me.
Come on and join into the game,
Remember it's always the same.
Wow!

2. Let everyone whistle like me.
Let everyone whistle like me.
Come on and join into the game,
Remember it's always the same.
Wow!

3. Let everyone yawn like me.
Let everyone yawn like me.
Come on and join into the game,
Remember it's always the same.
Wow!

4. Let everyone sneeze like me.
Let everyone sneeze like me.
Come on and join into the game,
Remember it's always the same.
Wow!

5. Let everyone wobble like me.
Let everyone wobble like me.
Come on an join into the game,
Remember it's always the same.
Wow!

6. Let everyone do what they want.
Let everyone do what they want.
Come on and join into the game,
Remember it's always the same.
Wow!

(Musik: traditionell
Text: traditionell/bearbeitet von Brigitte Schanz-Hering)

Sie singen das Lied oder spielen es von der CD. Bei der Wiederholung fordern Sie die Kinder auf, die Geräusche, die sie hören, zu imitieren. Achtung: Das Klatschen bzw. die Geräusche müssen genau in der Pause erfolgen (im Notenbild mit x x gekennzeichnet), da sonst der Einsatz zur nächsten Zeile oder zur nächsten Strophe verpasst wird. Am Ende jeder Strophe rufen alle zusammen ein stimmungsvolles *"Wow!"* In der letzten Strophe darf sich jeder ein Geräusch aus den vorherigen Strophen aussuchen. Üben Sie die beiden letzten Zeilen nacheinander ein, indem Sie sie vorsprechen. Die Kinder wiederholen so lange, bis sie sie können. Spielen Sie das Lied erneut vor. Die Kinder führen die Spielaktionen aus und singen die beiden letzten Zeilen mit.

 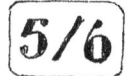 **Hinweis:**
Bei Kindern, die bereits Leseerfahrung in Englisch haben, teilen Sie die Liedtexte aus, damit alle gemeinsam das ganze Lied singen und Bewegungen oder Geräusche dazu machen können.

Variante 1: Reihenlied mit Geräuschen
Am Ende einer jeden Strophe werden nach dem letzten Geräusch auch die Geräusche der vorhergehenden Strophen angehängt:
Nach der 1. Strophe: 2 x klatschen;
Nach der 2. Strophe: 2 x pfeifen, 2x klatschen;
Nach der 3. Strophe: gähnen, 2 x pfeifen, 2 x klatschen;
Nach der 4. Strophe: niesen, gähnen, 2 x pfeifen, 2 x klatschen.
Nach der letzten Strophe entfällt dann die Aneinanderreihung der Geräusche.

 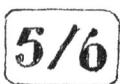 **Variante 2:** Bewegungslied mit einfachen neuen Strophen
Singen Sie mit neuem Liedtext:

1. Die erste Strophe bleibt.
2. Let everyone stamp feet like me ...
3. Let everyone nod head like me ...
4. Let everyone jump up like me ...
5. Let everyone bend down like me ...
6. Let everyone do what they want ...

In der im Notenbild mit x x gekennzeichneten Pause wird in der ersten Strophe zweimal geklatscht, im zweiten Abschnitt zweimal mit den Füßen aufgestampft, in der dritten Strophe zweimal mit den Kopf genickt, dann zweimal in die Luft gesprungen, danach sich zweimal gebückt und in der letzten Strophe zweimal eine beliebige Bewegung gemacht. Wie die Geräusche können auch die Bewegungen in umgekehrter Reihenfolge aneinandergereiht werden (s. Variante 1).

5/6 **Variante 3:** Strophen erfinden
Ältere Kinder können neue Liedtexte mit größerem Schwierigkeitsgrad verfassen (allerdings muss die Zeitform des *"Present Simple"* bekannt sein, um Handlungsabläufe und gewohnheitsmäßige Tätigkeiten zu beschreiben.) Legen Sie ein Thema fest, z.B. Aktionen am Morgen *"in the morning"*. Tragen Sie die Situationen zusammen und halten Sie sie an der Tafel fest. Beispiel: *Sleep like a log – get up – wash face – brush teeth – comb hair – put on clothes – eat toast with jam – say good-bye – go to school*. Aus den Stichpunkten entstehen neue Strophen:

1. Let everyone sleep like a log.
Let everyone sleep like a log.
Come on and join into the game.
Remember it's always the same.

2. Let everyone get up at seven.
Let everyone get up at seven.
Come on and join into the game.
Remember it's always the same.

usw.

Bilden Sie mit dem neuen Lied eine Sing- und eine Spielgruppe. Die eine singt den neuen Text, die andere stellt die Situationen pantomimisch dar.

Weitere Themen:
<u>Going by train:</u> *go to the station – buy a ticket – wait for the train – get on the train – find a seat – show the ticket – look out of the window – get off the train.*
<u>In the afternoon:</u> *do homework – play on the computer – go for a walk – play football – go inline skating – play the piano – read a book – watch TV.*

Clap your hands

Fingerspiel

Clap your hands, clap your hands, clap them just like me.

Touch your shoul - ders, touch your shoul - ders, touch them just like me.

Tap your knees, tap your knees, tap them just like me.

Shake your head, shake your head, shake it just like me.

Clap your hands, clap your hands, then let them qui - et be.

Fingerspiel

 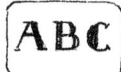 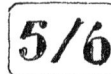

Clap your **hands**, **clap** your **hands**,
Clap them **just** like **me**.

Touch your **shoul**ders, **touch** your **shoul**ders,
Touch them **just** like **me**.

Tap your **knees**, **tap** your **knees**,
Tap them **just** like **me**.

Shake your **head**, **shake** your **head**,
Shake it **just** like **me**.

Clap your **hands**, **clap** your **hands**,
Then **let** them **qui**et **be**.

(mündlich überliefert)

Auch dieser einfache Reim eignet sich gut für den Beginn. Die Kinder sprechen den Vers rhythmisch mit und machen dazu die passenden Bewegungen, ebenfalls im Rhythmus: In der ersten Strophe klatschen sie viermal (zu den fettgedruckten Wörtern) in die Hände. Danach berühren sie (ebenfalls viermal) mit beiden Händen die Schultern. Im dritten Abschnitt klopfen Sie auf die Knie, in der vierten Strophe schütteln sie den Kopf. Zuletzt klatschen sie zweimal in die Hände. Bei *"Then let them quiet be"* ruhen beide Hände im Schoß.

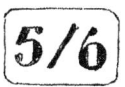

Hinweis:
In der weiterführenden Schule kann der Vers als fünfstimmiger Kanon gesprochen werden.

Simon says

  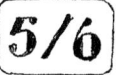

Konzentrationsspiel mit Bewegungen

Bei diesem Spiel müssen die englischen Bezeichnungen der Körperteile bekannt sein. Üben Sie diese zuvor ein, ebenso wie andere Anweisungen (s. u.). Die Spielleitung gibt Bewegungstipps vor, die nur dann ausgeführt werden dürfen, wenn es zuvor hieß: *"Simon says"*. Also sagt die Spielleitung z. B.: *"Simon says: Touch your ears"*. Alle müssen die Ohren berühren. Wer das nicht tut oder z. B. die Augen berührt, scheidet aus. Sagt die Spielleitung nur *"Touch your ears"*, dürfen die Ohren nicht berührt werden. Wer es trotzdem macht, scheidet ebenfalls aus.

Mögliche Anweisungen:
Touch your eyes, head, nose ...
Put your left/right hand in the air
Stand up/Sit down
Bend your knees
Stick out your belly
Say hoorah
Stamp your feet
Clap your hands
Tap your knees
Snap your fingers
Shake your head
Nod your head
Read/Write (pantomimisch darstellen)

Hinweis:
Die Anzahl der verschiedenen Vorgaben ist abhängig von der Gruppe.
Im Kindergarten werden nur die Anweisung mit dem Verb *"touch"*
(*"Touch your nose/head/shoulders/..."*) verwendet oder solche mit
wenigen, einfachen Verben, die vorher gründlich geübt wurden.

The Hokey-Pokey  7

Tanzlied

 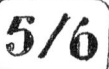

G ... G

You put your right hand in, you put your right hand out, you put your

G ... D⁷ ... D⁷

right hand in and you shake it all a-bout. You do the Ho-key Po-key, and you

D⁷ ... D⁷ ... G

turn your-self a-round. That's what it's all a-bout!

G ... G ... G ... D⁷

Oh, the Ho-key Po-key, Oh, the Ho-key Po-key,

G ... C ... D⁷ ... G

oh, the Ho-key Po-key. Knees bent, arms streched, ra-ra-ra!

1. You put your right hand in, you put your right hand out,
You put your right hand in and you shake it all about.
You do the Hokey-Pokey, and you turn yourself around.
That's what it's all about!

Chorus:
Oh, the Hokey-Pokey,
Oh, the Hokey-Pokey,
Oh, the Hokey,-Pokey,
Knees bent, arms stretched, raa-raa-raa!

46

2. You put your left hand in ...
3. You put your right foot in ...
4. You put your left foot in ...
5. You put your right shoulder in ...
6. You put your left hip in ...
7. You put your head in ...
8. You put your whole self in ...

(Musik und Text: traditionell)

Bei diesem Tanz stehen alle im Kreis und führen die Bewegungen aus.
Beispiel (Strophe 1):

Text:	**Bewegungen:**
You put your right hand in,	*mit rechtem Arm in die Kreismitte weisen*
You put your right hand out,	*rechten Arm nach außen strecken*
You put your right hand in,	*mit rechtem Arm wieder in die Kreismitte weisen*
And you shake it all about.	*rechten Arm ausschütteln*
You do the Hokey-Pokey,	*Ellenbogen so beugen, dass die ausgestreckten Zeigefinger in die Höhe zeigen, dazu mit den Hüften wackeln*
And you turn yourself around.	*einmal im Uhrzeigersinn um sich selbst drehen*
That's what it's all about.	*dreimal im Rhythmus in die Hände klatschen*
Oh, the Hokey-Pokey,	*Arme zum Boden hin ausschütteln*
Oh, the Hokey-Pokey,	*Arme zur Seite hin ausschütteln*
Oh, the Hokey-Pokey,	*Hände in die Luft strecken*
Knees bent,	*in die Hocke gehen*
Arms stretched,	*aus der Hocke hochkommen, und die Arme hoch in die Luft strecken*
Raa-raa-raa!	*dreimal in die Hände klatschen*

3. Bears and other animals

Spiel- und Musikideen zum Thema „Tiere"

Kinder lieben Tiere. Daher sind alle Aktivitäten, bei denen sie sich in die entsprehenden Rollen hineinversetzen können, äußerst attraktiv.

The old grey cats are sleeping  8

Spiellied

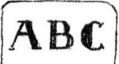

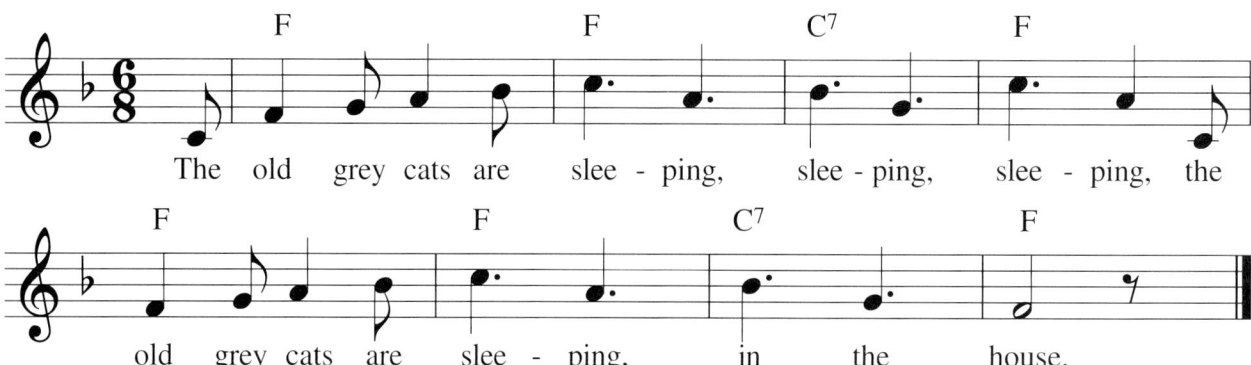

(Musik: traditionell, Text: unbekannt)

1. The old grey cats are sleeping,
Sleeping, sleeping,
The old grey cats are sleeping,
In the house.

2. The little mice are creeping,
Creeping, creeping,
The little mice are creeping,
In the house.

3. The little mice are nibbling,
Nibbling, nibbling,
The little mice are nibbling,
In the house.

4. The old grey cats are waking,
Waking, waking,
The old grey cats are waking,
In the house.

5. The little mice are running,
Running, running,
The little mice are running,
In the house.

Stellen Sie das Lied vor (CD oder selbst) und erklären Sie die Bedeutung von *"sleeping, creeping, nibbling, waking"* und *"running"*, indem Sie die Tätigkeiten vormachen. Mit Stofftieren erklären Sie die Bedeutung von *"cats"* und *"mice"* (Einzahl: *"mouse"*). Üben Sie das Lied mehrfach mit den Kindern ein. Die fünfte Strophe sollte schneller als die ersten vier gesungen werden. Bilden Sie eine Spiel- und eine Singgruppe oder lassen Sie die Kinder bei sehr kleinen Gruppen nur spielen. Es werden zwei Gruppen (Katzen und Mäuse) gebildet, die sich in zwei Ecken stellen.

Zu den Strophen werden folgende Bewegungen gemacht:

Text	Katzen	Mäuse
The old grey cats are sleeping ...	*gähnen, strecken sich und rollen sich zum Schlafen zusammen*	*sitzen in der Hocke auf der anderen Seite des Raumes und warten, dass die Katzen einschlafen*
The little mice are creeping ...	*schlafen*	*kommen aus der Ecke gekrochen, krabbeln oder gehen leise auf Zehenspitzen durch den Raum*
The little mice are nibbling ...	*schlafen*	*bleiben stehen und tun so, als ob sie an etwas knabbern*
The old grey cats are waking ...	*bewegen sich, gähnen, strecken sich, richten sich auf und beobachten die Mäuse*	*knabbern weiter*
The little mice are running ...	*jagen die Mäuse*	*rennen weg und verschwinden in ihrem „Mauseloch" (Ecke des Raumes)*

Variante: selbst singen

Die Kinder können das Lied auch selbst singen. Dann übernehmen die Katzen die erste, vierte und fünfte Strophe, die Mäuse die zweite und dritte Strophe.

Quiet cats

Sprechvers

 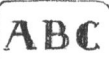

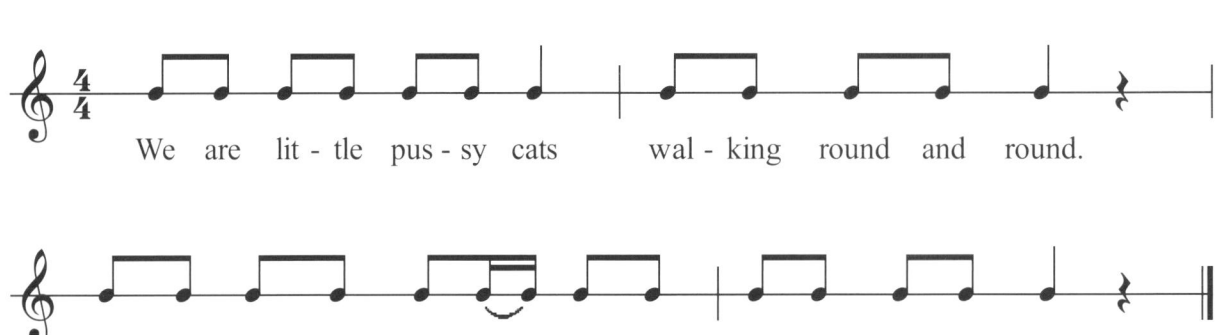

We are lit - tle pus - sy cats | wal - king round and round.

We have cu - shions on our feet and | ne - ver make a sound.

We are **litt**le **pus**sy **cats**
Walking **round** and **round**.
We have **cush**ions **on** our **feet**
And **ne**ver **make** a **sound**.

(mündlich überliefert)

Sprechen Sie den Text zeilenweise vor; die Kinder wiederholen ihn. Erklären Sie dabei die unbekannten Wörter. (Bitte achten Sie auf die Aussprache von *"cushions"*. Die erste Silbe klingt wie ein deutsches „u"!) Die letzte Zeile wird ganz leise gesprochen oder geflüstert. Wenn die Kinder den Vers auswendig sprechen können, bewegen sie sich dabei „auf leisen Pfoten" (krabbelnd oder auf Zehenspitzen laufend) durch den Raum.

I have a cat

Sprechvers mit Echo

Text:	Bewegungen:
I have a **cat**,	*pantomimisch eine Katze, die auf dem Arm liegt, streicheln*
My **cat** is **fat**.	*mit der rechten Hand den dicken Bauch der Katze zeigen*
I have a **cat**,	*wie oben*
My **cat** wears a **hat**.	*beide Arme über den Kopf*
I have a **cat**,	*wie oben*
My **cat** caught a **bat**.	*Hände vor dem Körper übereinander kreuzen und Flatterbewegung andeuten*
I have a **cat**,	*wie oben*
Miaow!	

(Text: mündlich überliefert)

Erklären Sie zunächst die Wörter *"cat, fat, hat, bat"*. Sprechen Sie Zeile für Zeile und machen Sie die beschriebenen Bewegungen vor; die Kinder sprechen den Text nach und imitieren die Bewegungen. Das *"Miaow"* in der letzten Zeile wird ganz laut gerufen.

Variante1: Echo-Spiel
Wenn der Vers „sitzt", klatschen Sie die erste Zeile vor, ohne den Text zu sprechen: Die Kinder sagen die entsprechende Textzeile. Wenn das alle gut können, wird die ganze Story ohne Text „erzählt". Sie klatschen den Rhythmus vor, die Kinder sprechen den Text.

Variante 2: Stichwort-Version
Einige Kinder bilden eine „Miau-Gruppe". Immer wenn das Wort *"cat"* kommt, müssen sie ganz laut miauen.

Old MacDonald had a farm  9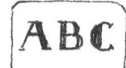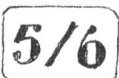

Reihenlied mit Tiergeräuschen

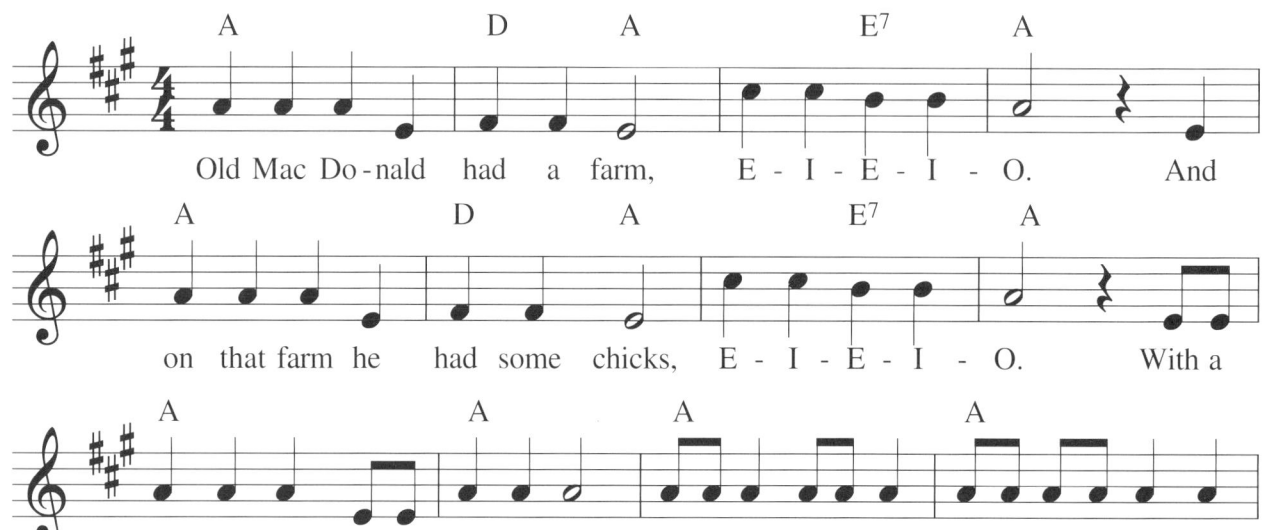

Old Mac Do-nald had a farm, E - I - E - I - O. And
on that farm he had some chicks, E - I - E - I - O. With a
chick-chick here, and a chick-chick there, here a chick, there a chick, every-where a chick-chick.

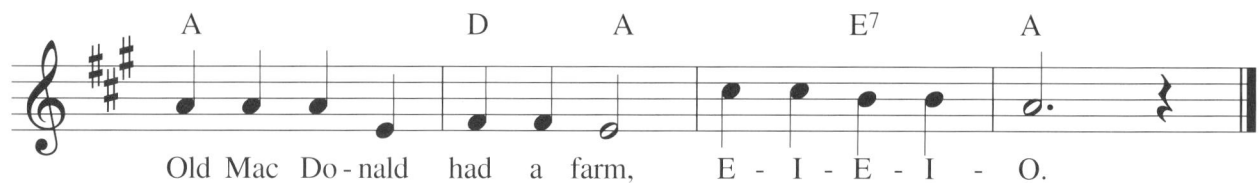

Old Mac Do-nald had a farm, E - I - E - I - O.

1. Old MacDonald had a farm,
E, I, E, I, O.
And on that farm he had some chicks,
E, I, E, I, O.

With a chick-chick here,
And a chick-chick there,
Here a chick, there a chick,
Everywhere a chick-chick.
Old MacDonald had a farm,
E, I, E, I, O.

2. Old MacDonald had a farm,
E, I, E, I, O.
And on that farm he had some ducks,
E, I, E, I, O.

With a quack-quack here,
And a quack-quack there.
Here a quack, there a quack,
Everywhere a quack-quack.
Old MacDonald had a farm,
E, I, E, I, O.

3. Old MacDonald had a farm,
E, I, E, I, O.
And on that farm he had some cows,
E, I, E, I, O.

With a moo-moo here,
And a moo-moo there.
Here a moo, there a moo,
Everywhere a moo-moo.
Old MacDonald had a farm,
E, I, E, I, O.

4. Old MacDonald had a farm,
F, I, E, I, O.
And on that farm he had some sheep,
E, I, E, I, O.

With a baa-baa here,
And a baa-baa there,
Here a baa, there a baa,
Everywhere a baa-baa-
Old MacDonald had a farm,
E, I, E, I, O

5. Old MacDonald had a farm,
E, I, E, I, O.
And on that farm he had some pigs,
E, I, E, I, O.

With an oink-oink here,
And an oink-oink there.
Here an oink, there an oink,
Everywhere an oink-oink.
Old MacDonald had a farm,
E, I, E, I, O.

6. Old MacDonald had a farm,
E, I, E, I, O.
And on that farm he had a car,
E, I, E, I, O.

With a brrm-brrm here,
And a brrm-brrm there.
Here a brrm, there a brrm,
Everywhere a brrm-brrm.
Old MacDonald had a farm,
E, I, E, I, O.

(Musik und Text: traditionell)

Tragen Sie das Lied entweder selbst vor oder spielen Sie es von der CD.
Erklären Sie die unbekannten Wörter mit Hilfe von Bildern oder Spiel-
zeugtieren und lassen Sie sie von allen nachsprechen. Stellen Sie die Tiergeräusche vor, die Kinder machen die Geräusche nach. Üben Sie das Lied
Zeile für Zeile ein, bis es als Ganzes gesungen werden kann. Mit Kindergartenkindern wählen Sie zunächst einzelne Strophen aus.

1. Singen mit verteilten Rollen

Teilen Sie die Gruppe auf in *"chicks, ducks, cows,
sheep, pigs, car"*. Die ersten vier Zeilen jeder Strophe singen alle,
die Zeilen des Refrains mit den Tiergeräuschen nur die jeweilige
Gruppe. Viel Spaß macht es, wenn sich die Kinder auch noch
verkleiden.

2. Reihenlied

Im Refrain werden die Tiergeräusche in umgekehrter Reihenfolge aneinandergehängt. Dann lautet z. B. die dritte Strophe:

Old MacDonald had a farm,
E, I, E, I, O.
And on that farm he had some cows,
E, I, E, I, O.

With a moo-moo here,
And a moo-moo there.
Here a moo, there a moo,
Everywhere a moo-moo.
And a quack-quack here,
And a quack-quack there.
Here a quack, there a quack,
Everywhere a quack-quack.
And a chick-chick here,
And a chick-chick there,
Here a chick, there a chick,
Everywhere a chick-chick.
Old MacDonald had a farm,
E, I, E, I, O.

Zum Ende hin wird der Refrain immer länger. Das erfordert ganz schön viel Konzentration.

3. Call-and-response-Lied

Die Gruppe oder Klasse wird zweigeteilt.
Alle singen die ersten vier Zeilen einer Strophe.

Dann kommt Gruppe 1:	*"With a chick-chick here,"*
Gruppe 2 antwortet:	*"And a chick-chick there."*
Gruppe 1:	*"Here a chick"*
Gruppe 2:	*"There a chick"*
Alle zusammen:	*"Everywhere a chick-chick.*
	Old MacDonald had a farm,
	E, I, E, I, O."

4. Neue Strophen erfinden

Einige Beispiele für weitere
Tiergeräusche in englisch:

donkey:	hee-haw
dog:	bow-wow
cat:	miaow-miaow
bird:	cheep-cheep
snake:	Ssss-Ssss
geese:	honk-honk
mice:	ee-ee
owl:	hooo
bee:	Zzzz
horse:	neigh-neigh

Little cottage in a wood  10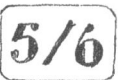

Bewegungslied

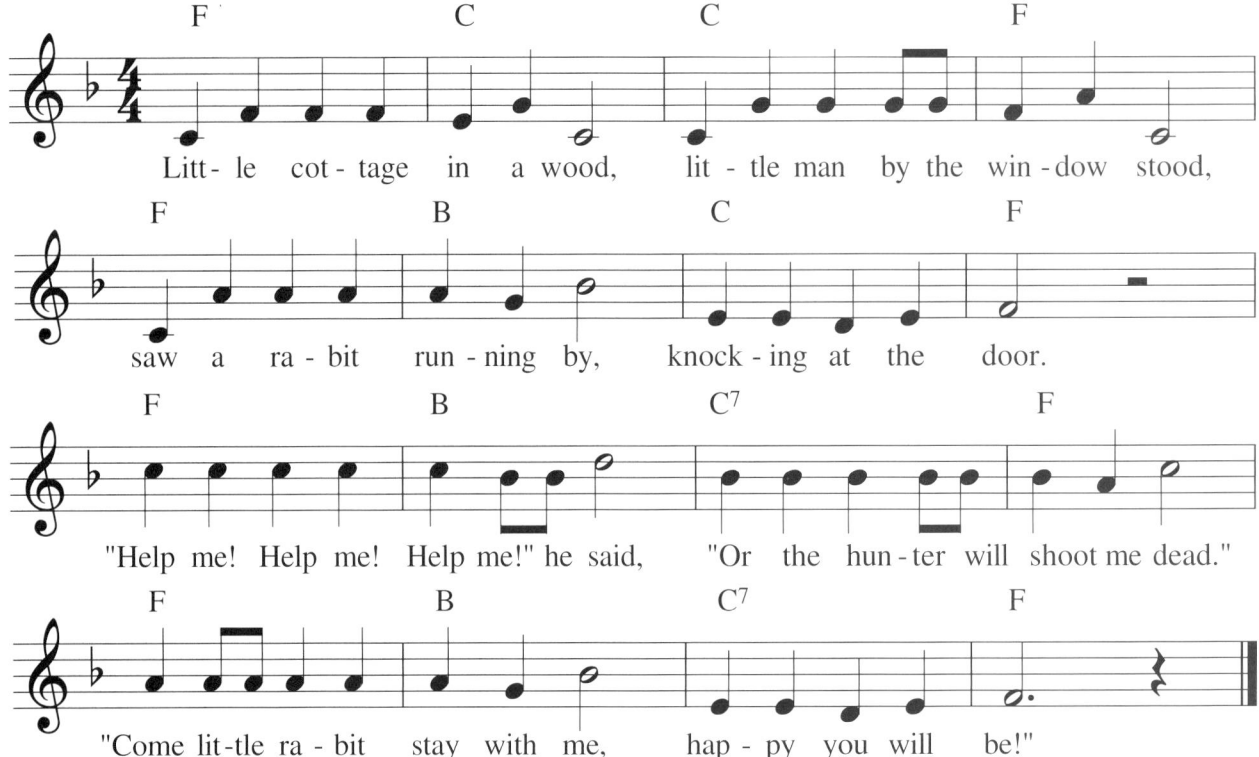

Little cottage in a wood,
Little man by the window stood,
Saw a rabbit running by,
Knocking at the door.
"Help me! Help me! Help me!" he said,
"Or the hunter will shoot me dead."
"Come little rabbit stay with me,
Happy you will be!"

(Musik und Text: traditionell)

Dieses Lied ist auch als Sprechtext bekannt. Erklären Sie Wörter und den Inhalt der Geschichte mit Hilfe der (z. B. auf Folie kopierten) Zeichnung. Üben Sie das Lied oder Gedicht ein, indem Sie es mehrmals mit der Gruppe singen bzw. sprechen. Die kleine Geschichte lässt sich gut mit Bewegungen umsetzen.

Text:	Bewegung:
Little cottage in a wood,	*beide Hände bilden das Dach, indem sich die Fingerspitzen berühren*
Little man by the window stood,	*Daumen und Zeigefinger wie ein Fernglas um die Augen legen*
Saw a rabbit running by,	*mit Zeige- und Mittelfinger einer Hand die Ohren des Häschens andeuten, gleichzeitig zeigen die Füße, wie schell das Häschen läuft*
Knocking at the door.	*mit der Faust Türklopfen imitieren oder an eine vorhandene Tür oder auf einen Tisch klopfen*
"Help me! Help me! Help me!" he said,	*Arme hochreißen und wieder fallen lassen*
"Or the hunter will shoot me dead."	*Jäger andeuten, der mit einer Flinte zielt*
"Come little rabbit stay with me,	*mit der Hand das Häschen hereinwinken*
Happy you will be!"	*„Häschen" streicheln (eine Hand die andere)*

Variante 1: Singen mit verteilten Rollen

Zwei Gruppen tragen das Lied vor. Eine repräsentiert das Häschen, die andere den Mann im Haus. Die ersten vier Zeilen singen alle gemeinsam. Die nächsten beiden Zeilen werden von den „Häschen" gesungen, die beiden letzten von der anderen Gruppe. Dazu werden die oben beschriebenen Bewegungen gemacht.

 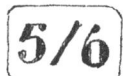 **Variante 2:** erweiterter Liedtext

Zu dem Originaltext wird eine klitzekleine *("itty-bitty")* und eine riesengroße *("great big")* Strophe hinzugefügt. Die *"itty-bitty"*-Strophe wird mit leise piepsender Stimme gesungen, die Bewegungen sind reduziert (statt der Hände nur einzelne Finger benutzen und alles ganz klein andeuten). Die Bewegungen in der *"great big"*-Strophe werden ausladend ausgeführt, und alle versuchen, ganz laut und mit tiefer Stimme zu singen.

Itty-bitty cottage in a wood,
Itty-bitty man by the window stood,
Saw an itty-bitty rabbit running by,
Knocking at the door.
"Help me! Help me! Help me!" he said,
"Or the hunter will shoot me dead."
"Come itty-bitty rabbit stay with me,
Happy you will be!"

Great big cottage in a wood,
Great big man by the window stood,
Saw a great big rabbit running by,
Knocking at the door.
"Help me! Help me! Help me!" he said,
"Or the hunter will shoot me dead."
"Come great big rabbit stay with me,
Happy you will be!"

(Text: mündlich überliefert)

There was a little turtle

Fingerspiel

There **was** a **lit**tle **tur**tle,
He **lived** in a **box**,
He **swam** in a **pud**dle,
He **climbed** on the **rocks**.
He **snapped** at a mos**qui**to,
He **snapped** at a **flea**,
He **snapped** at a **bum**ble bee,
He **snapped** at **me**.
He **caught** the mos**qui**to,
He **caught** the **flea**,
He **caught** the **bum**ble bee,
But he **didn't** catch **me**.

(traditionell)

Im Original dieses traditionellen Kinderreimes heißt es statt *"bumble bee" "minnow"* (auf deutsch: Elritze, ein kleiner Fisch). Da sich aber die wenigsten Kinder darunter etwas vorstellen können, habe ich den Text leicht abgeändert.

Sprechen Sie den Text langsam abschnittsweise vor und erklären Sie Wörter mit Hilfe von Bildern *("puddle, mosquito, flea, bumble bee")*, Stofftieren *("turtle")* oder den entsprechenden Gegenständen *("box")*. Sprechen Sie nun erneut das Gedicht Zeile für Zeile vor und machen Bewegungen dazu, die von den Kindern gleich mitgemacht werden können:

Text:	**Bewegung:**
There was a little turtle,	*mit Daumen und Zeigefinger beider Hände einen kleinen Kreis bilden*
He lived in a box,	*mit beiden Händen eine Kiste andeuten*
He swam in a puddle,	*mit den Händen paddelnde Schildkröte darstellen*
He climbed on the rocks.	*Kletterbewegungen machen*
He snapped at a mosquito,	*mit Daumen und Finger der rechten Hand Schnappbewegungen machen*
He snapped at a flea,	*wie oben*
He snapped at a bumble bee,	*wie oben*
He snapped at me.	*Schnappbewegungen deuten auf einen selbst*
He caught the mosquito,	*mit Händen fangen*
He caught the flea,	*wie oben*
He caught the bumble bee,	*wie oben*
But he didn't catch me.	*Kopf schütteln und auf sich selbst zeigen*

Wiederholen Sie Text und Bewegungen so lange, bis alle Kinder zu den Zeilen die entsprechenden Gesten machen können. Dann sprechen Sie nur noch den Text, und die Kinder machen die Bewegungen alleine. Kinder im Vorschulalter haben wahrscheinlich Schwierigkeiten, das Gedicht zu sprechen. Machen Sie es abhängig von Ihrer Gruppe, ob Sie das Sprechen mit den Kindern einüben wollen oder nicht. Kinder im Grundschulalter versuchen, den Vers zu sprechen. Sie sagen eine Zeile vor, alle sprechen nach. Dies wird mehrmals wiederholt. Machen Sie jetzt die Bewegungen vor, und die Kinder sprechen den Text dazu.

Five little fishes

Fingerspiel

Five little **fish**es **swim**ming in a **pool**,
The **first** one **said**, "The **pool** is **cool**."
The **second** one **said**, "The **pool** is **deep**."
The **third** one **said**, "Let's **dive** and **dip**."
The **fourth** one **said**, "I **want** to **sleep**."
The **fifth** one **said**, "I **spy** a **ship**."
    Fisherman **boat** comes,
    Line goes **ker**-splash,
    A**way** the **five** little **fish**es **dash**.

(traditionell)

Bringen Sie fünf Gegenstände (am besten Spielzeugfische) mit, benennen Sie sie mit Zahlen von eins bis fünf: *"That's fish number one. That's fish number two."* ... Führen sie danach die Ordnungszahlen *"first"* bis *"fifth"* ein. Das Wort *"ker-splash"* in der zweitletzten Zeile stammt aus der Kindersprache, es begleitet z. B. lautmalerisch, wenn ein Kind ins Wasser geworfen wird: Beim Hochheben wird Spannung ausgedrückt mit *"kerrrr"*, bei *"splash"* fällt das Kind ins Wasser.
Sprechen Sie den Vers vor und machen sie dazu die passenden Bewegungen. Zum weiteren Vorgehen s. oben, Spielanregungen zu *"There was a little turtle."*

Text:	**Bewegung:**
Five little fishes swimming in a pool,	*fünf Finger einer Hand bewegen sich*
The first one said, "The pool is cool."	*einen Finger hochhalten; Arme vor dem Körper verschränken*
The second one said, "The pool is deep."	*zwei Finger zeigen; mit tiefer Stimme sprechen*
The third one said,: "Let's dive and dip."	*drei Finger hochhalten; mit der Hand Tauchbewegungen machen*
The fourth one said, "I want to sleep."	*vier Finger zeigen; Kopf auf die Hände legen*
The fifth one said, "I spy a ship."	*fünf Finger hochhalten, Hand über die Augen*
Fisherman boat comes,	*mit Mittel- und Zeigefinger einer Hand Boot darstellen und vom Körper wegbewegen*
Line goes ker-splash,	*pantomimisch Angelschnur auswerfen: Bei "ker" Arm hochnehmen, bei "splash" eine Leine auswerfen*
Away the five little fishes dash.	*die fünf Finger bewegen sich schnell davon*

I went fishing

Fingerspiel

  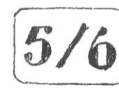

I went **fish**ing, **I** went **fish**ing,
I went **fish**ing until **five**,
And I **caught** a **fish** a**live.**

(Wolfgang Hering, Brigitte Schanz-Hering)

Üben Sie den Vers ein und erklären Sie die Bedeutung. Eine kleine Gruppe von etwa sechs Kindern sitzt um einen Tisch herum. Eine(r) ist der *"fisherman"*. Alle Hände liegen auf dem Tisch außer denen des *"fisherman"*. Dieser lässt seine Hand über den anderen Händen kreisen. Alle sagen gemeinsam den Vers auf. Bei *"alive"* darf der *"fisherman"* einen Fisch fangen; die Spielteilnehmer versuchen gleichzeitig ihre Hände wegzuziehen. Wer gefangen wird, wird in der nächsten Runde *"fisherman"*. Wurde niemand gefangen, beginnt eine neue Runde mit demselben *"fisherman"*.

Variante:
Jeder Spielteilnehmer legt eine Hand, bei kleinen Gruppen auch beide Hände, auf den Tisch. Die gestreckten Finger sind dabei etwas auseinandergespreizt. Der *"fisherman"* zählt die einzelnen Finger ab, während alle den Vers aufsagen. Der Finger, auf den bei *"alive"* gezeigt wird, wird nach innen umgeknickt, usw. Wessen Finger als einziger übrigbleibt, hat gewonnen; er ist in der nächsten Runde der *"fisherman"*.

The shark 28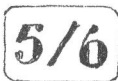

Sprechgesang mit Ostinato

Diesen Sprechgesang (englisch *"chant"*) mit Ostinato (unterlegtes durchgehendes rhythmisches Motiv) gibt es im englischen Sprachraum in vielen Variationen. Am besten wird jede Zeile einmal wiederholt, um ausreichend Zeit für die Aktionen zu haben. Im Originaltext wird das Mädchen von den Haien gefressen. Ich habe den Schluss etwas freundlicher gestaltet.

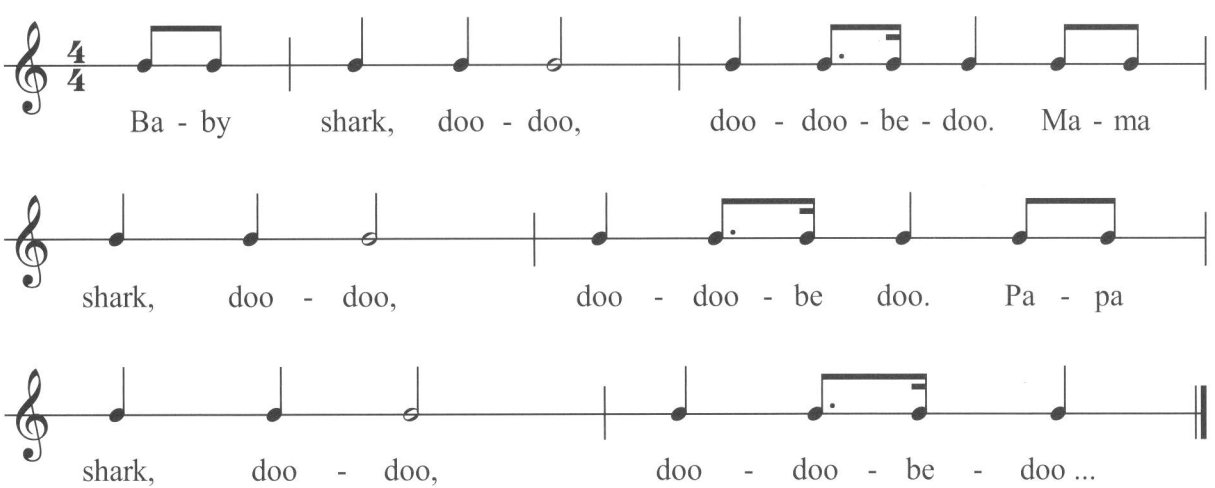

Version 1:

1. Baby **shark**,   doo-doo, doo-doo-be-doo.
2. Mama **shark**,   doo-doo, doo-doo-be-doo.
3. Papa **shark**,   doo-doo, doo-doo-be-doo.
4. Girl **swim**ming, doo-doo, doo-doo-be-doo.
5. Papa **shark**,   doo-doo, doo-doo-be-doo.
6. Girl **shocked**,   doo-doo, doo-doo-be-doo.
7. Shark at**tack**,   doo-doo, doo-doo-be-doo.
8. Failed at**tack**   doo-doo, doo-doo-be-doo.
9. Stupid **shark**,   doo-doo, doo-doo-be-doo.
10. Girl **smil**ing,   doo-doo, doo-doo-be-doo.

(mündlich überliefert, bearbeitet
von Wolfgang Hering und
Brigitte Schanz-Hering)

Sprechen Sie den Text vor. Die Kinder machen das *"doo-doo, doo-doo-be-doo"* gleich mit.
Zum Text werden folgende Bewegungen gemacht:

1. Baby **shark**,	*Daumen und Zeigefinger gegeneinander klappen, um das Maul des Hais darzustellen*
2. Mama **shark**,	*Handfläche beider Hände gegeneinander schlagen*
3. Papa **shark**,	*beide Unterarme gegeneinander schlagen*
4. Girl **swim**ming,	*Schwimmbewegungen machen*
5. Papa **shark**,	*wie 3*
6. Girl **shocked**,	*erschrocken aussehen*
7. Shark at**tack**,	*wie 3, jedoch schneller*
8. Failed at**tack**	*eine lange Nase zeigen*
9. Stupid **shark**,	*an die Stirn tippen*
10. Girl **smil**ing,	*überheblich lächeln*

ABC 5/6

Variante:

1. A little **girl**,	doo-doo, doo-doo-be-doo,
2. A little **boy**,	doo-doo, doo-doo-be-doo,
3. Went for a **swim**,	doo-doo, doo-doo-be-doo,
4. A swim in the **sea**,	doo-doo, doo-doo-be-doo,
5. They swam so **far**,	doo-doo, doo-doo-be-doo,
6. Really **far**,	doo-doo, doo-doo-be-doo,
7. All a**lone**,	doo-doo, doo-doo-be-doo,
8. No one a**round**,	doo-doo, doo-doo-be-doo,
9. Totally **em**pty,	doo-doo, doo-doo-be-doo
10. Except for the **sharks**,	na-na, na-na-na-na,
11. Daddy **shark**,	na-na, na-na-na-na,
12. Mama **shark**,	ma-ma, ma-ma-ma-ma,
13. Grandpa **shark**,	na-na, na-na-na-na-n,
14. Grandma **shark**,	ma-ma, ma-ma-ma-ma,
15. Baby **shark**,	wee-wee, wee-wee-wee-wee,
16. The little **girl**,	doo-doo, doo-doo-be-doo,
17. The little **boy**,	doo-doo, doo-doo-be-doo,
18. Saw the **sharks**,	na-na, na-na-na-na,
19. They swam so **fast**,	doo-doo, doo-doo-be-doo,
20. Really **fast**,	doo-doo, doo-doo-be-doo,
21. To the **shore**,	doo-doo, doo-doo-be-doo,
22. Out of the **wa**ter,	doo-doo, doo-doo-be-doo,
23. Ran so **fast**,	doo-doo, doo-doo-be-doo,
24. Really **fast**,	doo-doo, doo-doo-be-doo,
25. No one a**round**,	doo-doo, doo-doo-be-doo,
26. In the **wa**ter,	doo-doo, doo-doo-be-doo,
27. Totally **em**pty,	doo-doo, doo-doo-be-doo,

28. EXCEPT FOR THE **SHARKS**!

(mündlich überliefert, bearbeitet von Brigitte Schanz-Hering)

Üben Sie zunächst den Sprechgesang ein, bis alle rhythmisch sicher sind. Dann werden die Rollen verteilt: die fünf *"sharks": daddy, mama, grandpa, grandma, baby,* der Junge und das Mädchen. Es wird eine Erzählergruppe gebildet, die den Text vorliest. Der Rest der Gruppe spricht das Ostinato: *"doo-doo, doo—doo-be-doo"*. Nun kann es losgehen. Zunächst sprechen alle in verteilten Rollen den Text, ohne Bewegungen zu machen. Die Erzählergruppe spricht alles außer: dem *"na-na, na-na-na-na"* in Zeile 10 und 18 (alle *"sharks"* gemeinsam); dem *"na-na, na-na-na-na"* in den Zeilen 11 bis 15 (die jeweiligen Mitglieder der *"shark"*-Gruppe). Die übrigen Kinder sagen das *"doo-doo, doo-doo-be-doo"*. Die Zeile 28 *"Except for the sharks"* wird ganz laut herausgerufen. Wenn das Sprechen in verteilten Rollen klappt, kommen die Bewegungen hinzu.

Text:	**Bewegung:**
1. A little girl,	*Mädchen zeigt auf sich*
2. A little boy,	*Junge zeigt auf sich*
3. Went for a swim,	*Schwimmbewegungen machen*
4. A swim in the sea,	*wie oben*
5. They swam so far,	*wie oben*
6. Really far,	*wie oben*
7. All alone,	*Mädchen und Junge schauen sich um, mit der Hand die Stille des glatten Meeres andeuten*
8. No one around,	*siehe 7*
9. Totally empty,	*siehe 7*
10. Except for the sharks,	*Alle* sharks *klappen je nach Rolle Finger, Hände und Arme gegeneinander, um die aufgerissenen hungrigen Mäuler anzudeuten.*
11. Daddy shark,	*beide Unterarme gegeneinander schlagen*
12. Mama shark,	*Handflächen beider Hände gegeneinander schlagen*
13. Grandpa shark,	*beide Arme großflächig gegeneinander schlagen*
14. Grandma shark,	*wie 12, jedoch noch größere Bewegung*
15. Baby shark,	*Daumen und Zeigefinger klappen gegeneinander*
16. The little girl,	*wie 1*
17. The little boy,	*wie 2*
18. Saw the sharks,	*Die* sharks *machen Bewegungen wie in 10. Das Mädchen und der Junge schauen erschrocken*
19. They swam so fast,	*schnelle Schwimmbewegungen machen*
20. Really fast,	*noch schnellere Schwimmbewegungen machen*
21. To the shore,	*wie 20*
22. Out of the water,	*mit den Füßen Laufen andeuten (langsam)*
23. Ran so fast,	*mit den Füßen schneller werden*
24. Really fast,	*Füße werden noch schneller*
25. No one around,	*wie 7*
26. In the water,	*wie 7*
27. Totally empty,	*wie 7*
28. EXCEPT FOR THE SHARKS!	*Die* sharks *machen Bewegungen wie in 10.*

Two little blackbirds

Fingerspiel

Two little **black**birds
Sitting on a **hill**,
One named **Jack**,
One named **Jill**.
Fly away, **Jack**,
Fly away, **Jill**.
Come back, **Jack**,
Come back, **Jill**.

(traditionell)

Von diesem traditionellen Kinderreim gibt es viele verschiedene Versionen. Mal sitzen die Amseln *("blackbirds")* auf einer Mauer *("wall")*, dann heißen sie Peter und Paul. Im amerikanischen Sprachraum findet sich häufig die Version *"Two little bluebirds"*. Der *"bluebird"* kommt in Nordamerika vor (auf deutsch „Rotkehlhüttensänger"). Dieses kurze Fingerspiel macht auch schon den ganz Kleinen Spaß.

Text:	**Bewegungen:**
Two little blackbirds	*beide Zeigefinger in Schulterhöhe hochstrecken*
Sitting on a hill,	*Zeigefinger ausgestreckt lassen*
One named Jack,	*den „Jack-Finger" nach vorne krümmen*
One named Jill.	*den „Jill-Finger" ebenso*
Fly away, Jack,	*den „Jack-Finger" hinter dem Rücken verschwinden lassen*
Fly away, Jill.	*den „Jill-Finger" ebenso*
Come back, Jack,	*der „Jack-Finger" kommt in seine ursprüngliche Position zurück*
Come back, Jill.	*den „Jill-Finger" zurückkommen lassen*

Three grey geese

Zungenbrecher

Three grey **geese** on the **green** grass **gra**zing,
Three grey **geese** on the **green** grass **gra**zing.

(traditionell)

Zungenbrecher ("tongue twisters") schulen die Aussprache und die Fähigkeit zur richtigen Intonation. Der Reiz, sie richtig und schnell zu sprechen, ist groß, vor allem bei älteren Kindern. Dieser Vers ist für die Grundschule geeignet, macht aber auch noch Spaß in höheren Klassen. Der Text wird erst langsam und dann immer schneller werdend mehrfach hintereinander gesprochen.

Swan, swan, over the sea

Zungenbrecher

Swan, swan, over the **sea,**
Swim, swan, swim.
Swan, swan, back again,
Well swum swan.

(traditionell)

Dieser *"tongue twister"* ist sprachlich etwas anspruchvoller als der vorhergehende. Um ihn verstehen zu können, müssen die Strukturen *"swim"* als Imperativ und *"swum"* als Partizip II (geschwommen) erklärt werden.

Kangaroo ⊙ 29

Rhythmisches Klatschspiel

Lives in the fo - rest,   jump   jump   kan - ga - roo.

Ba — by in pock - et,   jump   jump   kan - ga - roo.

Fuz - zy brown short fur,   jump   jump   kan - ga - roo.

Strong legs for hop - ping,   jump   jump   kan - ga - roo.

In Aus - tra - li - a,   jump   jump   kan - ga - roo.

Here comes a wild dog,   run   run   kan - ga - roo.

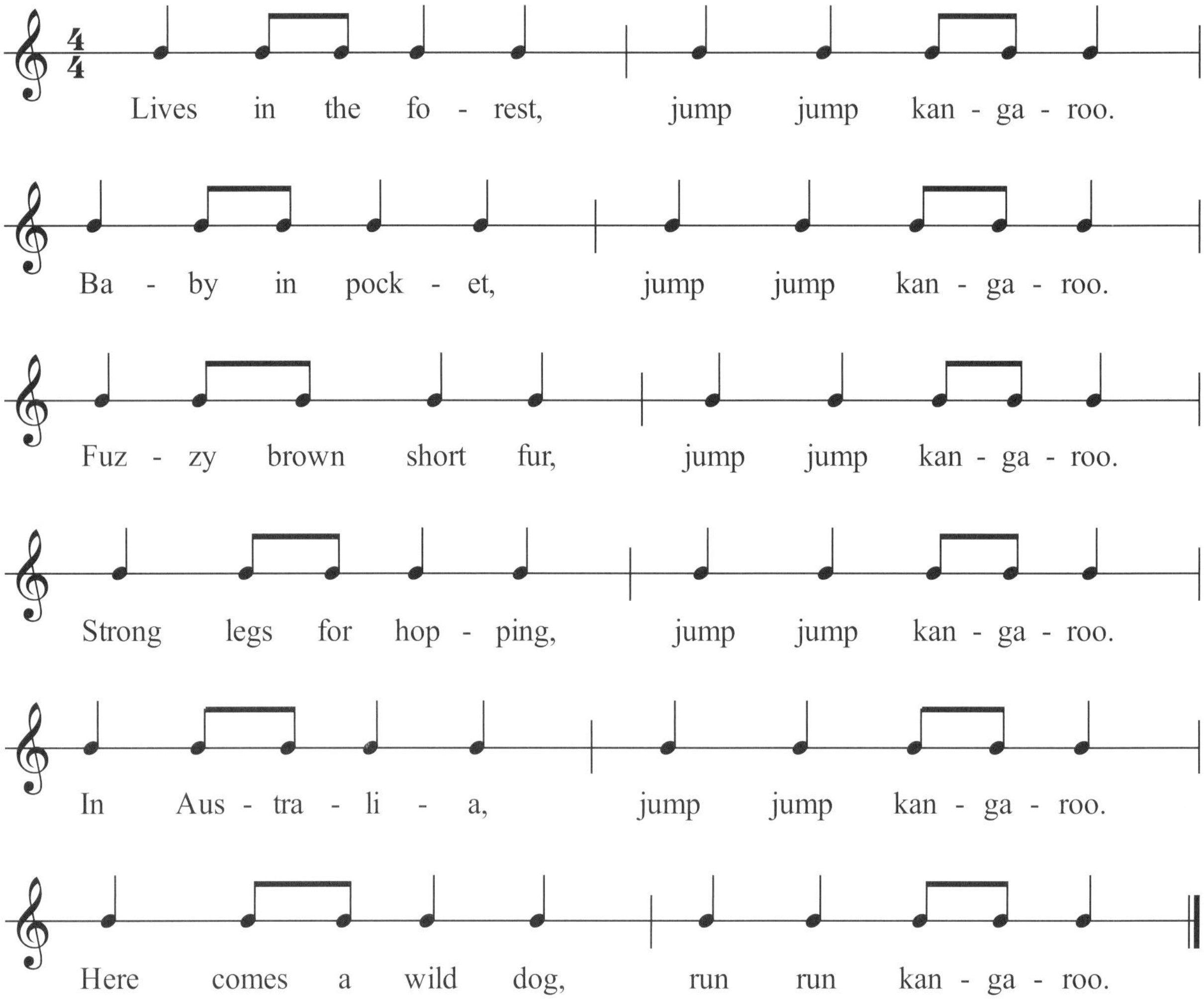

(a)	(b)	(c)	(d)	(e)
Lives	in	the	for-	est,
Jump	jump	kan	ga-	roo.
Ba-	by	in	pock-	et,
Jump	jump	kan-	ga-	roo.
Fuz-	zy	brown	short	fur,
Jump	jump	kan-	ga-	roo.
Strong	legs	for	hop-	ping,
Jump	jump	kan-	ga	roo.
In	Aus-	tra-	li-	a,
Jump	jump	kan-	ga-	roo.
Here	comes	a	wild	dog,
Run	run	kan-	ga-	roo.

(mündlich überliefert)

Sprechen Sie zunächst den Vers im Rhythmus und erklären Sie die Bedeutung der Wörter. Beim Klatschspiel sitzen sich die Partner gegenüber. Fünf sich wiederholende Klatschbewegungen (a – e) begleiten diesen Vers. Auf jede Silbe kommt eine Klatschfigur.

(a) mit der rechten Hand auf das rechte Knie patschen
(b) mit der linken Hand auf das linke Knie patschen
(c) in die eigenen Hände klatschen
(d) mit der rechten Hand gegen die rechte Hand des Partners klatschen
(e) mit der linken Hand gegen die linke Hand des Partners klatschen

Das Stück hat eine besondere, durchgehende Rhythmik: Jeweils im ersten Takt einer Zeile kommen die Achtel auf den zweiten und dann in der nächsten Zeile auf den dritten Schlag (siehe Notenbild). Sie können diesen Klatschrhythmus auch erst einmal ohne Text einüben. Danach sprechen Sie den Vers dazu. Fangen Sie ganz langsam an. Natürlich können wir uns das hüpfende Känguru viel besser vorstellen, wenn der Vers schnell gesprochen wird und die Klatschbewegungen entsprechend schnell dazu erfolgen. Bis dahin braucht es aber etwas Übung. Viel Spaß dabei!

Variante:
Den Vers zusätzlich mit einem durchgehenden Beat der Füße begleiten.
Dabei wird abwechselnd mit dem rechten und dem linken Fuß gestampft.

Five little monkeys

Fingerspiel

Five little monkeys swinging in a tree.
Teasing Mr Crocodile,
"You can't catch me!"
"You can't catch me!"
Along came Mr Crocodile,
Quiet as can be.

SNAP!

Four little monkeys swinging in the tree ...
Three little monkeys ...
Two little monkeys ...
One little monkey ...

No more monkeys swinging in the tree,
There goes Mr Crocodile as fat as he could be.

(traditionell)

Üben Sie das Gedicht Zeile für Zeile ein und klären sie die unbekannten Wörter. Die beiden Zeilen *"You can't catch me! You can't catch me!"* werden mit Singsang-Melodie gesprochen. Dabei kann das Krokodil mit Gesten und Mimik verhöhnt werden. Beim Fingerspiel stellt eine Hand die fünf Äffchen dar, die andere das Maul des Krokodils.

Text:	Bewegung linkeHand: (Krokodil)	Bewegung rechte Hand: (Äffchen)
Five little monkeys swinging in a tree.		*fünf Finger hochhalten* *und Finger weiter* *hin und her bewegen*
Teasing Mr Crocodile,	*mit der Hand* *(Daumen nach unten* *zeigend) das Maul des* *Krokodils darstellen*	*Finger weiter* *hin und her bewegen*
"You can't catch me!"		*schnappende Bewegung in* *Richtung des Krokodils* *machen*
"You can't catch me!"		*schnappende Bewegung in* *Richtung des Krokodils* *machen*
Along came Mr Crocodile,	*Hand auf-* *und zuklappen*	*Finger ruhig* *hochhalten*
Quiet as can be	*Zeigefinger vor* *den Mund halten*	*Finger ruhig* *hochhalten*
SNAP!	*beide Hände* *zusammenklatschen*	
Four little monkeys swinging in the tree...		*vier Finger hochhalten* *und hin und her bewegen*
Three little monkeys ...		*wie oben mit drei Fingern*
Two little monkeys ...		*wie oben mit zwei Fingern*
One little monkey ...		*wie oben mit einem Finger*
No more monkeys swinging in the tree, There goes Mr Crocodile as fat as he could be.		*Kopf schütteln* *beide Arme klappen als* *riesiges Maul auf und zu* *und zeigen, wie dick das* *Krokodil geworden ist*

We're going on a bearhunt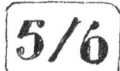

Sprechgesang mit Bewegungen

Leader:

We're **going** on a **bear**hunt!
O.**K.**
Let's **go**!
Walking a**long**.
Oh, **look**!
I see a **tree**.
Can't go **o**ver it.
Can't go **un**der it.
Have to climb **up** it.
Now to climb **down** it.

Walking a**long**.
Oh, **look**!
I see **grass**.
Can't go **o**ver it.
Can't go **un**der it.
Have to go **through** it.

Walking a**long**.
Oh **look**!
I see **wa**ter.
Can't go **o**ver it.
Can't go **un**der it.
Have to swim **through** it.

Walking a**long**.
Oh, **look**!
I see **mud**.
Can't go **o**ver it.
Can't go **un**der it.
Have to walk **through** it.

Walking a**long**.
Oh, **look**!
I see a **cave**.
Let's **stop**.

Let's look inside.
I can't see.
Get your flashlight.

Group:

We're **going** on a **bear**hunt!
O.**K.**
Let's **go**!
Walking a**long**.
Oh, **look**!
I see a **tree**.
Can't go **o**ver it.
Can't go **un**der it.
Have to climb **up** it.
Now to climb **down** it.

Walking a**long**.
Oh, **look**!
I see **grass**.
Can't go **o**ver it.
Can't go **un**der it.
Have to go **through** it.

Walking a**long**.
Oh, **look**!
I see **wa**ter.
Can't go **o**ver it.
Can't go **un**der it.
Have to swim **through** it.

Walking a**long**.
Oh, **look**!
I see **mud**.
Can't go **o**ver it.
Can't go **un**der it.
Have to walk **through** it.

Walking a**long**.
Oh, **look**!
I see a **cave**.

Let's look inside.
I can't see.
Get your flashlight.

Doesn't work.
Uh-oh.
I feel something.
It's big and furry!
It has a wet nose.
I think it's a bear.
It IS a bear!
Run for your life!

Whew!
We're safe!
Want to hunt tigers now?

Doesn't work.
Uh-oh.
I feel something.
It's big and furry!
It has a wet nose.
I think it's a bear.
It IS a bear!
Run for your life!

Whew!
We're safe!
Maybe tomorrow.

(traditionell)

Bei diesem Sprechgesang gibt ein Vorsprecher Text und Bewegungen vor, die Gruppe wiederholt. Begleitet wird das Stück von einem rhythmischen Patschen auf die Knie und Klatschen in die Hände, nicht zu laut, damit der Text noch zu verstehen ist. Zu Beginn finden sich alle in diesen Rhythmus ein. Erst wenn das klappt, geht es mit dem Wechselgesang los. Die einzelnen Hindernisse bei der Bärenjagd werden durch Bewegungen dargestellt, bei denen das Patschen und Klatschen unterbrochen wird. Folgende Körpergesten müssen ausgeführt werden:

"Have to climb up it."   *mit beiden Händen hochklettern*
"Now to climb down it."   *mit beiden Händen runterklettern*
"Have to go through it."   *mit den Händen hohes Gras zur Seite schieben*
"Have to swim through it."   *Schwimmbewegungen machen*
"Have to walk through it."   *durch tiefen Matsch und Sumpf waten. Dazu können mit der Stimme noch Schlürfgeräusche gemacht werden.*

Die Zeilen zu den Bewegungen werden langsamer gesprochen, und die Aktionen können richtig übertrieben (aber nicht zu hektisch) werden. Nach Abschluss jeder Bewegung wird mit der Zeile *"Walking along"* das Patschen-Klatschen wieder aufgenommen. Die Aufforderung *"Let's stop!"* wird nicht von der Gruppe wiederholt. Danach wird das Klatschen-Patschen für den Rest des Stückes eingestellt und alle sind ganz still. Denn jetzt wird es in der Bärenhöhle so richtig spannend und geheimnisvoll. Der Text wird ab jetzt nicht mehr rhythmisiert gesprochen. *"It IS a bear!"* wird ganz laut herausgerufen und nach *"Run for your life"* werden die Bewegungen in umgekehrter Reihenfolge ganz schnell ausgeführt. Wenn dann der Letzte fertig ist und mit *"Whew!"* und *"We're safe!"* alle in Sicherheit sind, fragt der *"leader"*: *"Want to hunt tigers now?"*. Diese Frage wird nicht wiederholt, sondern alle sagen ganz erschöpft und mit abweisender Gestik und Mimik *"Maybe tomorrow"*.

Es empfiehlt sich bei diesem recht langen Stück den Schülerinnen und Schülern den Text auszuteilen. Die Vorsprecherrolle kann auch von Kindern, die sprachlich und rhythmisch „fit" sind, übernommen werden. Es braucht etwas Zeit, bis alles so richtig klappt, aber wenn es dann soweit ist, sind alle begeistert. Ein Stück, das sich zum Aufführen eignet und die Zuschauer zum Mitmachen animiert.

Fuzzy Wuzzy

Zungenbrecher

Fuz-zy Wuz-zy was a bear, a bear was Fuz-zy Wuz-zy. When

Fuz-zy Wuz-zy lost his hair he wasn'-t fuz-zy, was he?

Fuzzy **Wuz**zy **was** a **bear**,
A **bear** was **Fuz**zy **Wuzzy**.
When **Fuzzy Wuzzy lost** his **hair**
He **was**n't **fuz**zy, **was he**?

(traditionell)

Dieses Wortspiel eignet sich auch als Abzählreim. Derjenige, auf den bei *„was he"* gezeigt wird, scheidet aus oder darf etwas Bestimmtes tun, je nachdem, was vorher verabredet wurde. (Achten Sie auch auf die Aussprache des stimmhaften s-Lautes bei *"Fuzzy"* und *"Wuzzy"*.)

The woodchuck

Zungenbrecher

If a woodchuck could chuck
All the wood
That a woodchuck would
How much wood
Would a woodchuck chuck
If a woodchuck could chuck wood?

(traditionell)

Ein Zungenbrecher für gehobene Ansprüche, dessen Reiz in der gleichen Aussprache der Wörter "wood" und "would" liegt. Ein "woodchuck" ist ein Waldmurmeltier und "to chuck" heißt umgangssprachlich „schmeißen". Führen Sie einen *"tongue twister"*-Wettbewerb durch, und setzen Sie kleine Preise aus. Wie oft kann jemand in einer Minute den Zungenbrecher fehlerfrei aufsagen?

4. Johnny Oops

Verrückte Lieder und Geschichten

Joe, Johnny und Ali Baba tummeln sich in diesem Kapitel. Sie können unsere Lerngruppe zum Lachen bringen ebenso wie die Tante, die komische Geschenke von ihren Reisen mitbringt. Es kommen auch Lieder und Geschichten vor, die zu einem Ausflug in ungewöhnliche Welten einladen, wie die von Dornröschen oder dem kleinen Indianerjungen.

Johnny Oops

Rhythmisches Fingerspiel

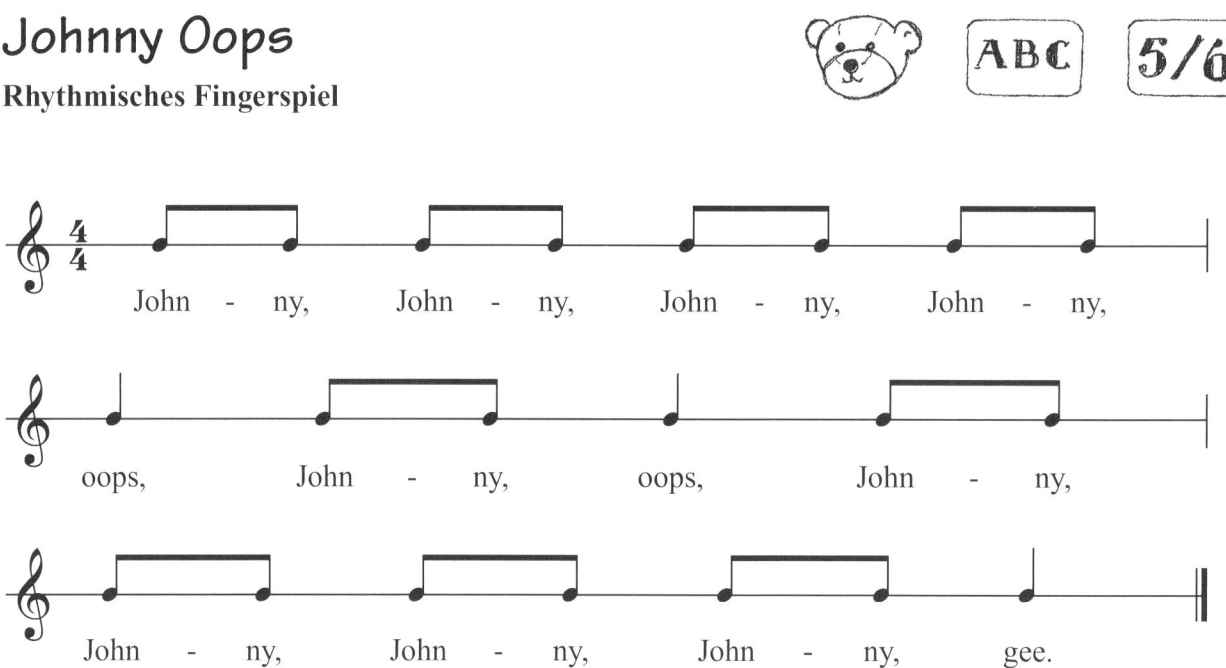

Johnny, Johnny, Johnny, Johnny,
Oops, Johnny oops,
Johnny, Johnny, Johnny, Johnny, gee.

(mündlich überliefert)

Dieses *"mouth gym"*-Spiel zum *"warming up"* fördert Koordination und Konzentration. Eine Hand wird hochgehalten, der Zeigefinger der anderen Hand zählt die Finger ab, beginnend mit dem kleinen Finger, dann kommen Ring-, Mittel- und Zeigefinger. Zu jedem einzelnen Finger wird *"Johnny"* gesagt. Zwischen Zeigefinger und Daumen ist eine „Rutschbahn", die die Kinder mit dem Zeigefinger herunterfahren. Dabei wird *"oops"* gesagt. Der Daumen ist wieder *"Johnny"*. Dann geht es vom Daumen zurück zum Zeigefinger, natürlich wieder über die „Rutschbahn". Zum Schluss wird ein zweites Mal auf den kleinen Finger gezeigt und dazu *"gee"* gerufen. Das heißt umgangssprachlich etwa „Wahnsinn!" oder „Mannomann!" Nun beginnt eine neue Runde. Der Spruch wird mehrmals hintereinander aufgesagt und dabei immer schneller gesprochen.

Variante: mehrere Gruppen
Die Kinder bilden fünf Kleingruppen. Jede Gruppe fängt mit einem anderen Finger an. Auf ein Kommando hin beginnen alle gleichzeitig. Das hört sich wild durcheinander an, macht aber Riesenspaß!

Five in the bed  11

Bewegungslied

There were five in the bed, and the lit-tle one said, "Roll o-ver! Roll

o-ver!". So they all rolled o-ver and one fell out.

1. There were five in the bed,
And the little one said,
"Roll over! Roll over!"
So they all rolled over and one fell out.

2. There were four in the bed, ...

3. There were three in the bed, ...

4. There were two in the bed, ...

5. There was one in the bed,
And the little one said,
"Good night! Good night! Good night!"

(Musik und Text: traditionell)

Sprechen Sie den Text des Liedes langsam vor, und erklären Sie mit Hilfe der Bewegungen die Bedeutung der Wörter.

Text:	Bewegung:
There were five in the bed,	*Hand mit fünf ausgestreckten Fingern hochhalten*
And the little one said,	*kleinen Finger hin- und herbewegen*
"Roll over! Roll over!"	*mit beiden Armen rotierende Bewegungen machen*
So they all rolled over and one fell out.	*weiter rotierende Bewegungen machen, auf "out"*
	mit den Händen auf die Knie patschen
There were four in the bed, ...	*vier Finger hochhalten und weiter wie in Strophe 1*
There were three in the bed, ...	*drei Finger hochhalten und weiter wie in Strophe 1*
There were two in the bed, ...	*zwei Finger hochhalten und weiter wie in Strophe 1*
There was one in the bed,	*nur noch den kleinen Finger hochhalten*
And the little one said,	*den kleinen Finger hin- und herbewegen*
"Good night! Good night Good night!"	*den Kopf wie zum Schlafen auf die Hände legen*

Variante 1: Spiellied
Jeweils fünf Kinder liegen auf dem Boden, möglichst auf Matten. Alle singen *"There were five in the bed and the little one said."* Das kleinste Kind in der Gruppe singt jetzt alleine *"Roll over! Roll over!"* Nun rollen sich alle in eine vorher verabredete Richtung und singen dabei: *"So they all rolled over and one fell out."* Ein Kind fällt von der Matte herunter, und alle singen *"There were four in the bed ..."* usw.

Variante 2: Weitere Strophen
Wem dieses Lied gefällt, kann *"There were ten in the bed"* daraus machen. Dann dauert das Stück etwas länger.

Hello, my name is Joe

Rhythmisches Echospiel

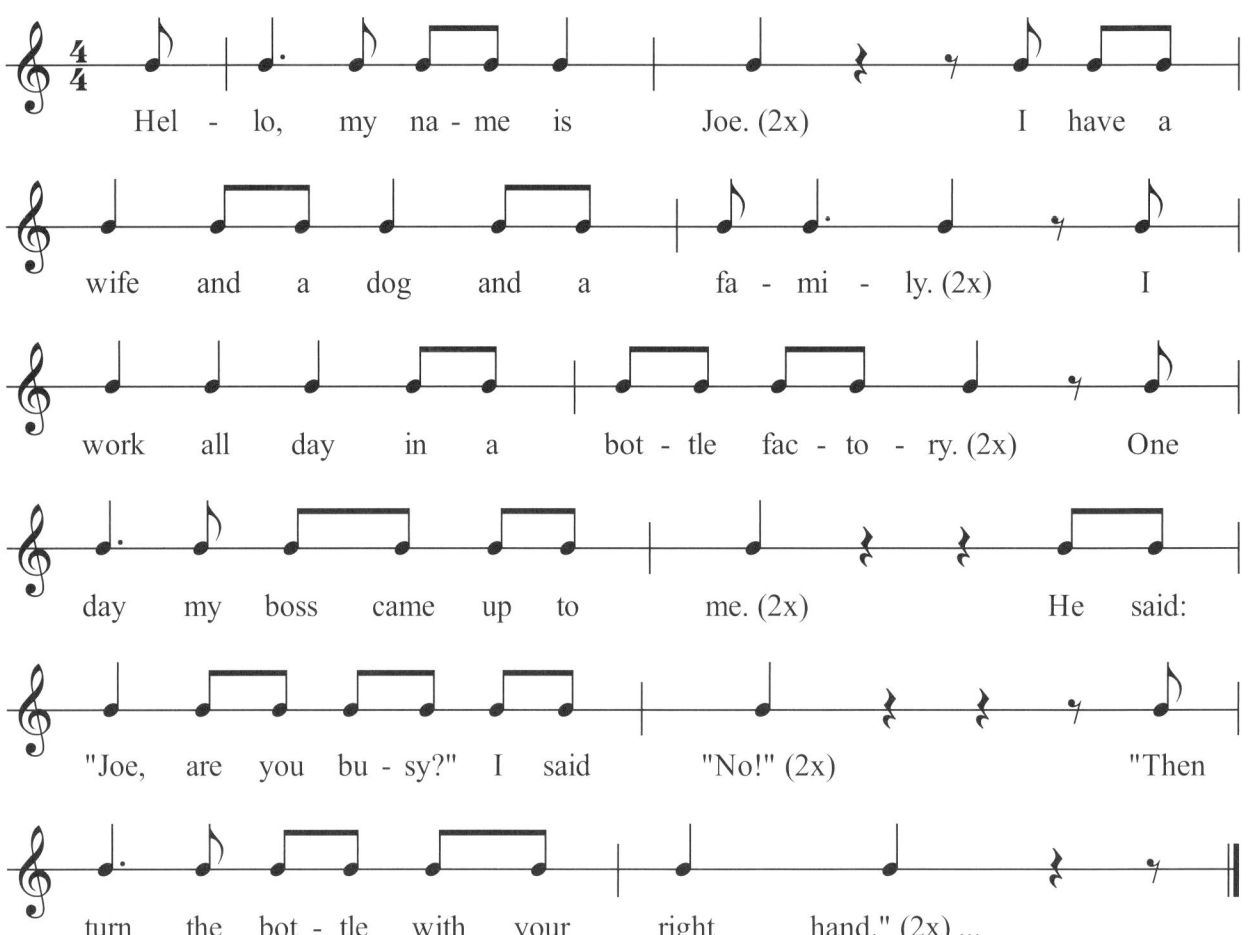

1. Hello, my name is Joe.
I have a wife and a dog and a family.
I work all day in a bottle factory.
One day my boss came up to me.
He said, "Joe, are you busy?" I said "No!"
"Then turn the bottle with your right hand."

2. Hello, my name is Joe.
I have a wife and a dog and a family.
I work all day in a bottle factory.
One day my boss came up to me.
He said, "Joe, are you busy?" I said "No!"
"Then turn the bottle with your left hand."

3. Hello, my name is Joe...
"Then turn the bottle with your right foot."

4. ..."Then turn the bottle with your left foot."
5. ..."Then turn the bottle with your nose."
6. ..."Then turn the bottle with your body."

7. Hello, my name is Joe.
I have a wife and a dog and a family.
I work all day in the bottle factory.
One day my boss came up to me.
He said, "Joe, are you busy?" I said "Yes!"

(mündlich überliefert)

Sprechen Sie den Text Zeile für Zeile im Rhythmus vor, und die Gruppe antwortet als Echo. Später kann auch ein Kind, das Text und Rhythmus gut beherrscht, die Rolle des Vorsprechers übernehmen. Jede Zeile ist rhythmisch gesehen gleich lang, nämlich zwei Takte. Darauf muss auch bei der Wiederholung geachtet und besonders müssen die entsprechenden Pausen ausgehalten werden. Das Stück kann im Stehen oder im Sitzen durchgeführt werden. Am Ende der ersten Strophe machen alle mit der rechten Hand eine Drehbewegung. Diese wird während der ganzen zweiten Strophe weiter ausgeführt. Am Ende kommt die linke Hand dazu. Während der dritten Strophe bewegen sich die Hände weiter, und der rechte Fuß kommt mit einer kreisenden oder einer tippenden Bewegung dazu. So geht es weiter, bis am Ende der sechsten Strophe der ganze Körper in Aktion ist. Am Schluss des Sprechgesangs fällt der Vorsänger auf *"Yes!"* ganz erschöpft in sich zusammen, und alle machen dies nach.

Variante: button factory
Es gibt verschiedene Textversionen dieses Echospiels. Bei einer anderen Fassung arbeitet Joe statt in der *"bottle factory"* in einer *"button factory"*. Dann heißt das entsprechende Tätigkeitswort nicht *"turn"* sondern *"push"*. Am Ende der ersten Strophe drücken dann alle mit der rechten Hand einen unsichtbaren Knopf, einmal oben und einmal unten (z.B. auf Augenhöhe und auf Brusthöhe). Am Ende der zweiten Strophe kommt der linke Zeigefinger dazu. Die Füße werden vor- und zurückgesetzt. Am Schluss, nachdem der ganze Körper in Bewegung war, sind wieder alle ganz erschöpft.

The finger band  12

Bewegungslied

The fin - ger band is co - ming to town,

co - ming to town, co - ming to town, the

fin - ger band is co - ming to town, so

ear - ly in the mor - ing.

1. The finger band is coming to town,
Coming to town, coming to town,
The finger band is coming to town,
So early in the morning.

2. The finger band can play the drums,
Play the drums, play the drums,
The finger band can play the drums,
So early in the morning.

3. The finger band can play the flute, ...

4. The finger band can play the guitar, ...

5. The finger band can play the piano, ...

6. The finger band is going away, ...

(Musik: traditionell
Text: mündlich überliefert)

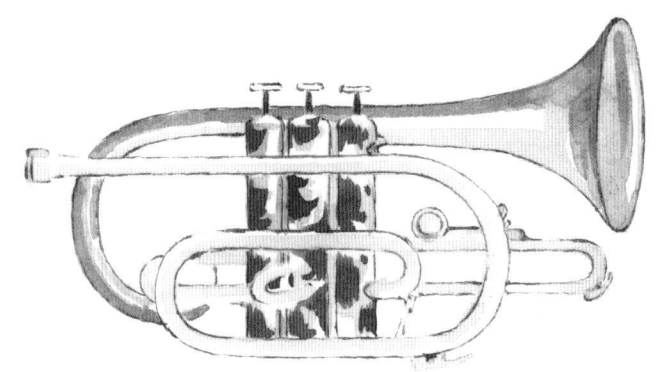

"The finger band" wird zur Melodie des traditionellen englischen Kinderliedes *"Here we go round the mulberry bush"* gesungen. Erklären Sie die englischen Namen der Instrumente pantomimisch, anhand von Bildern oder echten Instrumenten. Während des Singens wird das Spielen der in den Strophen genannten Instrumente mit Gesten dargestellt. Bei der ersten Strophe klatschen alle im Rhythmus mit, und die letzte Strophe, in der sich die „Musiker" verabschieden, wird ganz leise gesungen.

Variante 1: neue Strophen mit weiteren Instrumenten
Z. B. können folgende Instrumenten hinzugefügt werden: *violin, horn, trumpet, clarinet, banjo, harp, panpipe, tuba, tambourine ...*

Variante 2: andere Textversion
Die Strophen 2 – 5 können auch in Anlehnung an den Text von *"Here we go round the mulberry bush"* in einer anderen Textversion gesungen werden, etwa so:

This is the way they clap their hands,
Clap their hands, clap their hands.
This is the way they clap their hands,
So early in the morning.

Auch andere Tätigkeiten passen ins Reimschema: *"stamp their feet, turn around, nod their heads, jump up high, snap their fingers, shake their heads ..."* Die Strophenanfänge können Sie entweder selbst vorgeben, oder es werden Gruppen gebildet, die die erste Zeile singen. Alle müssen dann die 2. – 4. Zeile mitsingen und die entsprechenden Bewegungen machen.

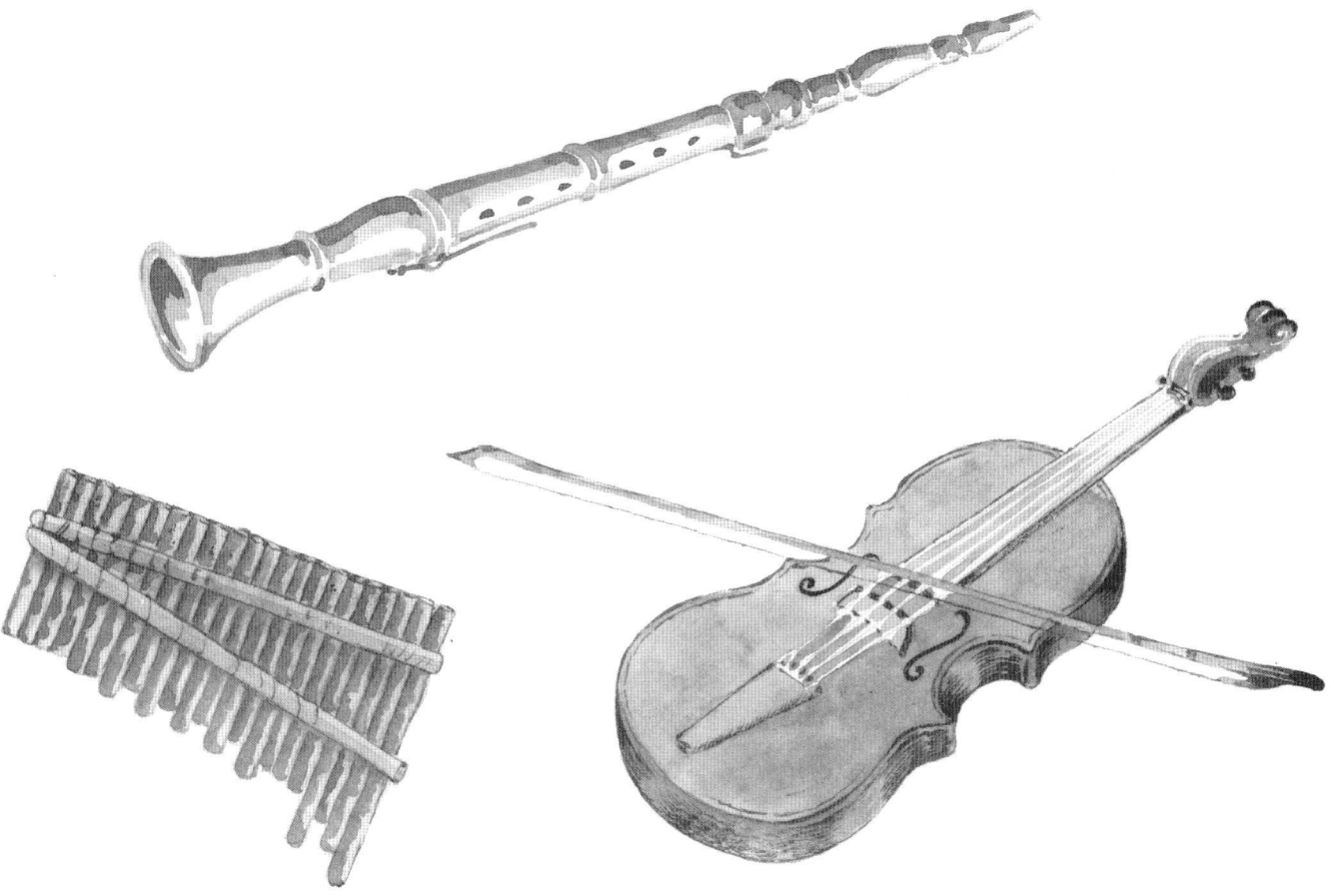

Ali Baba and the forty thieves

Rhythmisches Konzentrationsspiel

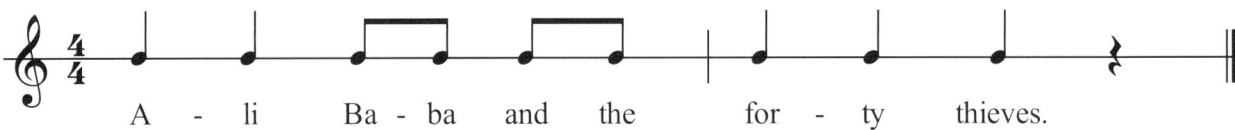

A - li Ba - ba and the for - ty thieves.

"Ali Baba and the forty thieves" – das ist auch schon der ganze Text dieses beliebten Spiels, das sich für alle Altersstufen eignet. Was so einfach aussieht, hat es aber in sich. Der Text wird rhythmisch gesprochen. Gleichzeitig werden Bewegungen dazu gemacht. Die Teilnehmer müssen sich auf die wechselnden Spielleitungen konzentrieren. Wer anleitet, muss sich eine eigene Bewegung ausdenken. Alle sitzen im Kreis. Zunächst sind Sie die Spielleitung und beginnen damit, abwechselnd auf die Knie zu patschen und in die Hände zu klatschen. Sprechen Sie dazu im Rhythmus: *"Ali Baba and the forty thieves"*: Bei *"Ali"* auf den ersten Taktschlag wird auf die Knie gepatscht, bei *"Baba"* auf den dritten Taktschlag in die Hände geklatscht, bei *"forty"* wieder auf die Knie gepatscht und bei *"thieves"* in die Hände geklatscht. Alle sprechen den Satz nach und machen die Bewegungen mit.

Wenn das klappt, lassen Sie das Klatschen auf *"thieves"* weg und machen stattdessen eine andere Bewegung vor, z.B. auf die Nase zeigen, ein Ohr, Auge, den Rücken, die Zehen, den Hals. Diese Geste wird dann bei der Wiederholung des Textes bei *"thieves"* von allen imitiert. Jeder Vers umfasst also zwei Takte, mit der Wiederholung vier. Das entspricht einer Runde. Die Bewegung kann auch eine kompliziertere Figur sein, z.B. eine Hand ist auf dem Kopf, der andere Arm wird vom Körper weggestreckt. Wenn Sie dann nach der Wiederholung das nächste Mal *"thieves"* sagen, geben Sie eine andere Bewegung vor. Die Spielidee kann dann im Kreis herumgehen. Sie fangen wieder an. In der zweiten Runde macht auf *"thieves"* Ihr rechter Nachbar die Bewegung vor, in der dritten Runde dann dessen rechter Nachbar, usw.

Variante für Fortgeschrittene:
Alle sitzen im Kreis, schnipsen auf den ersten und dritten Taktschlag leise im Rhythmus mit den Fingern und sprechen dazu *"Ali Baba and the forty thieves"*. Dann ändern Sie als Spielleitung ihre Bewegung; z. B. klatschen Sie in die Hände, und zwar während des gesamten Verses. Alle anderen schnipsen aber weiter. Bei der Wiederholung des Verses übernimmt nur Ihr rechter Nachbar das Händeklatschen. Sie machen wiederum eine neue Bewegung vor, während alle anderen weiter mit den Fingern schnipsen. Bei jeder neuen Wiederholung lassen Sie sich eine neue Bewegung einfallen, die in der nächsten Runde von Ihrem rechten Nachbarn übernommen wird, der dann seine vorherige Bewegung an seinen rechten Nachbarn weitergibt. So setzen sich alle Bewegungen nacheinander durch den Kreis fort, bis zum Schluss alle verschiedene Bewegungen machen. Durchlaufend wird dazu im Rhythmus *"Ali Baba and the forty thieves"* gesprochen.

The muffin man  13

Tanzlied

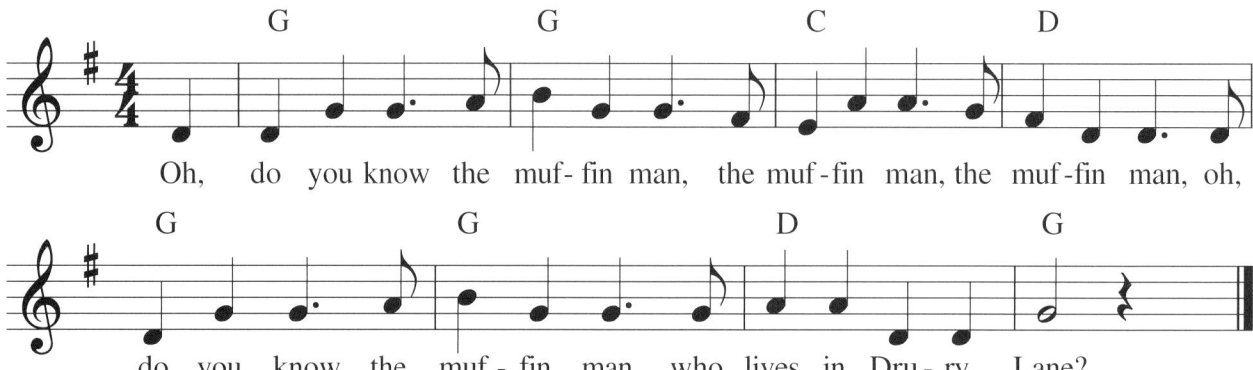

1. Oh, do you know the muffin man,
The muffin man, the muffin man,
Oh, do you know the muffin man
Who lives in Drury Lane?

2. Oh yes, I know the muffin man,
The muffin man, the muffin man,
Oh yes, I know the muffin man
Who lives in Drury Lane.

3. Now two of us know the muffin man, ...

4. Now four of us know the muffin man, ...

5. Now we all know the muffin man,
The muffin man, the muffin man,
Now we all know the muffin man
Who lives in Drury Lane.

(Musik und Text: traditionell)

"The Muffin Man" ist ein einfaches Tanzlied. Am Anfang stehen alle im Kreis und fassen sich an den Händen. Ein Kind steht außerhalb der Runde. Während die erste und zweite Strophe gesungen werden, bewegt sich der Kreis in Tanzrichtung (gegen den Uhrzeigersinn). Das Kind außerhalb des Kreises geht entgegengesetzt. Am Ende der zweiten Strophe wählt es ein Kind aus dem Kreis und zieht es nach außerhalb. Während der dritten Strophe bewegt sich der Kreis weiter wie vorher. Die beiden Kinder außerhalb fassen sich an den Händen und laufen wieder entgegengesetzt. Am Ende dieser Strophe holt jedes dieser Kinder ein weiteres Kind aus dem großen Kreis, so dass sich jetzt vier Kinder außerhalb des Kreises befinden, die sich weiter entgegengesetzt wie der große Kreis bewegen. Am Ende der vierten Strophe werden weitere vier Kinder in den Außenkreis geholt. Dies wird so lange wiederholt, bis alle Kinder aus dem Innenkreis im Außenkreis sind, d. h. es werden weitere Strophen je nach Größe der Gruppe hinzugefügt, bei denen sich jeweils die Zahl ändert. Zum Schluss stehen alle im neuen großen Kreis, singen die letzte Strophe und klatschen dazu in die Hände.

Variante: "Call-and-Response"
Die erste Strophe singen alle zusammen. In der zweiten Strophe singt das Kind, das außerhalb des Kreises geht, die erste und die dritte Zeile dieser Strophe alleine. Wenn sich kein Kind findet, das sich traut, alleine zu singen, übernehmen Sie oder ein paar andere Kinder diesen Part. Die Kinder im großen Kreis singen die Zeilen 2 und 4. Zeile 1 und 3 der folgenden Strophe werden wieder von den Kindern außerhalb des Kreises gesungen, die Kinder im großen Kreis singen die Zeilen 2 und 4. Die letzte Strophe singen wieder alle zusammen.

My aunt came back  14

Echo- und Bewegungslied

My aunt came back

My aunt came back

from old Al -

giers,

and she brought me back

from old Al - giers,

and she brought me

a pair of shears.

back

a pair of shears.

1. My aunt came back
From old Algiers,
And she brought me back
A pair of shears.

2. My aunt came back
 From Holland, too,
And she brought me back
A wooden shoe.

88

3. My aunt came back
From old Japan,
And she brought me back
A paper fan.

4. My aunt came back
From old Belgium,
And she brought me back
Some bubble gum.

5. My aunt came back
From New York fair,
And she brought me back
A rocking chair.

6. My aunt came back,
From Niagara falls,
And she brought me back
Some ping pong balls.

7. My aunt came back
From the city zoo,
And she brought me back,
A nut like you!

(Musik und Text: traditionell)

Bei diesem *"call-and-response"*-Lied kommt am Ende jeder Strophe eine neue Bewegung dazu, die das ganze Lied über durchgehalten wird, so dass in der sechsten Strophe sechs Bewegungen gleichzeitig gemacht werden. Dann sehen alle ein bisschen wie *"nuts"* aus. *"Nuts"* bedeutet nämlich nicht nur „Nüsse", sondern auch „Verrückte". Bitte beachten Sie die Betonung des Wortes „Niagara" in der 6. Strophe: [Naiágra], denn die dreisilbige Aussprache ist für die Einhaltung des Rhythmus wichtig. Hier die Bewegungen, die am Ende jeder Strophe hinzukommen:

1. Strophe: *mit Zeige- und Mittelfinger der rechten Hand schneidende Bewegung machen*
2. Strophe: *mit dem rechten Fuß stampfen*
3. Strophe: *mit der linken Hand Luft zufächern*
4. Strophe: *imaginären Kaugummi kauen*
5. Strophe: *den Körper hoch- und runterbewegen*
6. Strophe: *Kopf hin- und herbewegen*
7. Strophe: *auf die anderen in der Gruppe zeigen*

Und nicht vergessen: Wenn eine neue Bewegung hinzukommt, muss die aus der vorhergehenden Strophe weiter ausgeführt werden. z.B. machen während der vierten Strophe alle gleichzeitig die Bewegungen: schneiden, mit dem Fuß stampfen, fächern, und am Ende, wenn *"chewing gum"* gesungen wird, kommt die Kaubewegung dazu. Viel Spaß dabei!

Sleeping beauty  15

Spiellied

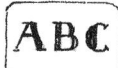 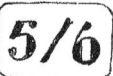

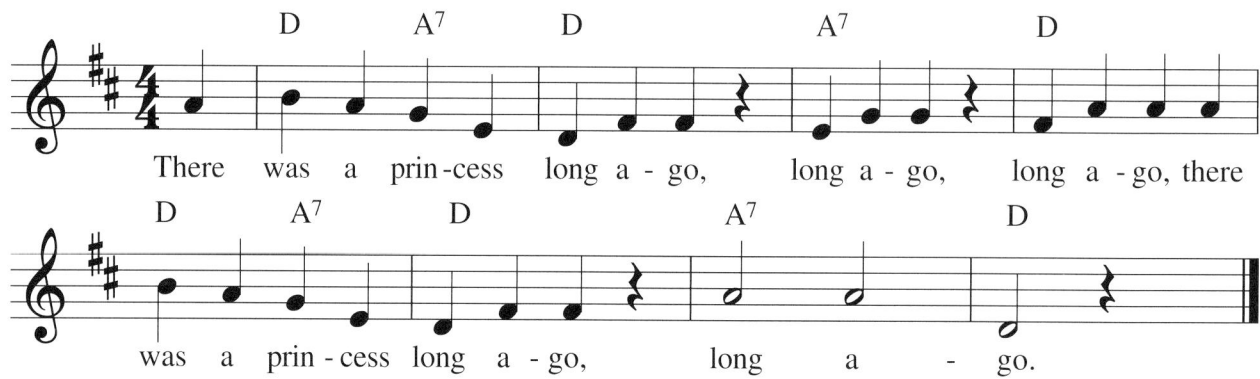

There was a prin-cess long a-go, long a-go, long a-go, there
was a prin-cess long a-go, long a-go.

1. There was a princess long ago, long ago, long ago,
There was a princesss long ago, long ago.

2. And she lived in a big high tower, big high tower, big high tower,
And she lived in a big high tower, big high tower.

3. A wicked fairy cast a spell, cast a spell, cast a spell,
A wicked fairy cast a spell, cast a spell.

4. The princess slept for a hundred years, a hundred years, a hundred years,
The princess slept for a hundred years, a hundred years.

5. A great big forest grew around, grew around, grew around,
A great big forest grew around, grew around.

6. A handsome prince came riding by, riding by, riding by,
A handsome prince came riding by, riding by.

7. He chopped the trees down one by one, one by one, one by one,
He chopped the trees down one by one, one by one.

8. He woke the princess with a kiss, with a kiss, with a kiss,
He woke the princess with a kiss, with a kiss.

9. So everybody's happy now, happy now, happy now,
So everybody's happy now, happy now!

(Musik und Text: traditionell)

Dieses bekannte Lied (auf deutsch „Dornröschen war ein schönes Kind") lässt sich gut in ein kleines Theaterstück umsetzen, das bei Elternabenden, Sommer- oder Schulfesten aufgeführt werden kann. Den meisten Kindern dürfte der Inhalt des Märchens bekannt sein. Zudem kann ein bebildertes Märchenbuch helfen, den englischen Text zu verstehen. Falls jüngere Kinder das Lied nicht selbst singen können, üben sie nur eine kleine Aufführung ein und lassen sich von älteren Kindern oder einer Gruppe Erwachsener musikalisch begleiten, bzw. spielen das Lied vom Tonträger ab.

Für die Aufführung benutzen die Kinder einfache Kostüme und Requisiten: z.B. ein schönes Kleid für die Prinzessin, für den Prinzen eine Papp-Krone, ein Besen als Pferd, ein Spielzeugschwert, Gummistiefel und ein Umhang. Die böse Fee bekommt einen schwarzen Hexenhut, einen Umhang und einen Zauberstab. Nun kann es losgehen

1. Strophe: *Alle stehen im Kreis, die Prinzessin in der Mitte.*
2. Strophe: *Alle außer der Prinzessin heben die Hände hoch, um den Turm darzustellen.*
3. Strophe: *Die böse Fee kommt in den Kreis, erhebt ihren Zauberstab und spricht den Fluch über die Prinzessin aus.*
4. Strophe: *Die Prinzessin legt sich auf den Boden und tut so, als schliefe sie. Die anderen Kinder legen den Kopf auf die Hände und stellen sich ebenfalls schlafend.*
5. Strophe: *Die Kinder rücken zusammen und bilden einen engeren Kreis, die Arme werden hochgehoben wie wachsende Bäume, und sie haken sich unter, so dass ein „dichter Wald" entsteht.*
6. Strophe: *Der Prinz reitet um den Kreis herum.*
7. Strophe: *Der Prinz tut so, als würde er die Bäume (Kinder) mit seinem Spielzeugschwert fällen. Die Kinder im Kreis fallen nacheinander um.*
8. Strophe: *Der Prinz tut so, als küsste er die Prinzessin. Sollte dies den Kindern zu peinlich sein, so kann die Strophe umgeändert werden: "He took her hand to wake her up ...", aber im Original küsst er sie nun einmal.*
9. Strophe: *Alle klatschen in die Hände und sehen glücklich aus.*

91

The great big Indian chief

Sprechvers

This is the **great** big **In**dian **chief**.
This is his **ar**row **and** his **bow**.
This is his **wig**wam, **this** is his **flute**,
And **this** is the **way** he **sits**, just **so**.

(traditionell)

Führen sie die neuen Wörter mit Hilfe
von Gegenständen oder Bildern ein.
Alle sitzen im Schneidersitz im Kreis.
In der Mitte liegen Pfeil und Bogen.
Die Kinder sagen gemeinsam
den Vers auf. Bei *"arrow"*
und *"bow"* wird auf
die Gegenstände in
der Mitte gezeigt, bei *"wigwam"*
ein Zelt mit den Händen
angedeutet, bei *"flute"* eine Flöte,
bei *"just so"* verschränken alle die Arme
vor der Brust wie die Indianer.

The Indian boy –

Spielgeschichte

One morning the little Indian boy woke up,
Got out of bed,
And said to his Mummy,
"Ooooooooooooh, oooooooh....
I' m going for a walk."

He went down the garden path and shut the gate.
SLAM!
He went down the road till he came to a bridge.
He walked across the bridge.
Trip, trap, trip, trap, trip, trap.

And he walked along the road till he came to a river.
He looked up the river and down the river.
There was no bridge, so he swam.
Splish, splash, splish, splash, splish, splash.

When he came to the other side he walked in the forest
Till he came to great big tree.
He looked round this side of the tree,
And he looked round that side of the tree,
But there was nothing there.

Then he heard a noise.
Ooaaaah!
Tigers!
He ran through the forest.
Trip, trap, trip, trap, trip, trap.
He swam across the river –
Splish, splash, splish, splash, splish, splash.
He ran across the bridge.
He shut the gate.
SLAM
He ran to his mother.
"Ooooooooooooh, ooooooooh," he said,
"I'm home"

(mündlich überliefert)

Im Folgenden sind Bewegungen und Geräusche, die zu dieser Geschichte gemacht werden können, in den Text eingearbeitet.

One morning the little Indian boy woke up,
> *(mit zwei Fingern hinter dem Kopf Feder-
> Kopfschmuck andeuten, gähnen, strecken)*
Got out of bed,
And said to his Mummy,
„Ooooooooooooh, oooooooh ...
> *(mit der Hand schnell auf den Mund
> schlagen, so dass ein Indianerruf
> entsteht)*
I' m going for a walk."

He went down the garden path and shut the gate.
> *(auf die Knie patschen)*
SLAM!

He went down the road till he came to a bridge.
> *(in die Hände klatschen)*
He walked across the bridge.
> *(mit den Füßen Laufbewegungen machen)*
Trip, trap, trip, trap, trip, trap.

And he walked along the road till he came to a river.
> *(Arme vor der Brust verschränken und mit
> den Händen auf die Brust schlagen)*
He looked up the river and down the river.
> *(nach links und rechts schauen)*
There was no bridge, so he swam.
> *(Schwimmbewegungen machen)*
Splish, splash, splish, splash, splish, splash.

When he came to the other side he walked
in the forest
> *(mit den Füßen Laufbewegungen machen)*
Till he came to great big tree.
> *(auf die Knie patschen)*
He looked round this side of the tree,
> *(nach links schauen)*
And he looked round that side of the tree,
> *(nach rechts schauen)*
But there was nothing there.
> *(den Kopf schütteln)*

Then he heard a noise.
Ooaaaah!
Tigers!
He ran through the forest.
>*(sehr schnelle Laufbewegungen machen)*

Trip, trap, trip, trap, trip, trap.
He swam across the river –
>*(sehr schnelle Schwimmbewegungen machen)*

Splish, splash, splish, splash, splish, splash.
He ran across the bridge.
>*(sehr schnelle Laufbewegungen machen)*

He shut the gate.
>*(auf die Knie patschen)*

SLAM
He ran to his mother.
>*(sehr schnelle Laufbewegungen machen)*

„Ooooooooooooh, oooooooh, he said,
>*(„Indianerruf")*

"I'm home."
>*(sich erleichtert fallen lassen)*

Entweder machen alle die Geräusche und Bewegungen gemeinsam, während sie den Text zusammen sprechen, oder es werden verschiedene Gruppen gebildet, z. B. ein Erzählerteam von 3 – 4 Kindern, eine Gruppe, die die Bewegungen ausführt, und ein Team, das die Geräusche *("Ooooooooooooh, ooooooh, SLAM! Trip, trap; splish, splash; Ooaaah")* macht.

5. One bottle of pop

Essen und Trinken, rhythmisch-musikalisch

In diesem Kapitel geht es um das leibliche Wohl. Wir lernen typisch englisches Essen kennen wie *"porridge"* oder *"fish and chips and vinegar"*, ebenso Wörter für Obst- und Gemüsesorten; aber auch Limo, Würstchen und Fast Food: *"Yummy, yummy!"*

One bottle of pop ● 16

Kanon

mündl. überliefert

ABC 5/6

One bottle of pop, two bottles of pop, three bottles of pop, four bottles of pop,

five bottles of pop, six bottles of pop, se-ven bottles of pop.

Don't put your junk in my back-yard, my back-yard, my back-yard,

don't put your junk in my back-yard, my back-yard's full.

Fish and chips and vi-ne-gar, vi-ne-gar, vi-ne-gar,

fish and chips and vi-ne-gar, vi-ne-gar and pop.

One bottle of pop, two bottles of pop, three bottles of pop, four bottles of pop,
Five bottles of pop, six bottles of pop, seven bottles of pop.

Don't put your junk in my backyard, my backyard, my backyard,
Don't put your junk in my backyard, my backyard's full.

Fish and chips and vinegar, vinegar, vinegar,
Fish and chips and vinegar, vinegar and pop.

(Text und Musik: mündlich überliefert)

Zum typisch englischen Essen *"Fish and chips"* mit einem Schuss *"vinegar"* wird *"pop"* (Brause)
getrunken. Die Einsätze des dreistimmigen Kanons sind im Notenbild mit 1., 2. und 3. gekennzeichnet. Es werden drei gleich starke Gruppen gebildet. Zunächst singen alle das Lied gemeinsam. Dann
beginnt Gruppe 1 bei „1", bei „2." setzt die zweite Gruppe ein, bei „3." die dritte. Es gibt zwei Möglichkeiten, den Kanon zu beenden. Entweder steigen die Gruppen nach einer vorher festgelegten Zahl
von Durchgängen nacheinander aus, oder auf ein verabredetes Zeichen hin singen alle gemeinsam
ihren Schlusston. Die jeweiligen Schlusstöne sind im Notenbild mit einer Fermate gekennzeichnet.

I like coffee

Rhythmischer Sprechvers zum Seilspringen

I like **cof**fee, I like **tea**,
I like the **boys** and the **boys** like **me**.

(traditionell)

Bei diesem *"jump rope rhyme"* benutzen die Jungen statt *"boys"* das Wort *"girls"*. Nachdem die Wörter geklärt sind und der Vers von allen auswendig aufgesagt werden kann, erhält jedes Kind ein Springseil, fängt an zu springen und sagt den Reim im Rhythmus auf. Pro betonter Silbe gibt es einen Hüpfer. Haben Sie ein langes Seil zur Verfügung, wird der Text abgeändert:

I like **cof**fee, I like **tea**,
In comes **Pe**ter and **out** goes **me**.

Alle stehen in einem großen Kreis. In der Kreismitte schwingen zwei Kinder das Seil. Ein Kind hüpft in der Mitte über das Seil und sagt dabei den Reim auf. Mit den Worten *"In comes Peter and out goes me"* ruft es ein anderes Kind zum Seilspringen und kehrt in den Kreis zurück.

  **Variante 1:** Vers zur Partnerwahl
I like **cof**fee, I like **tea**,
I like **you** to **come** with **me**.

Ein Kind sagt den Reim im Rhythmus auf und deutet bei jeder Silbe der
Reihe nach auf ein anderes Kind. Das Kind, auf das bei *"you"* gedeutet wurde, ist ausgewählt. Statt *"you"* kann auch der Name eines Kindes genannt werden, dann entfällt das Abzählen.

 **Variante 2:** Vers zur Partner- oder Gruppenarbeit
An Stelle von *"come"* werden – je nach Anlass – andere Verben benutzt, z. B. *"read"*, *"play"* oder *"work"*.

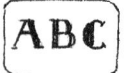 **Variante 3:** Reim mit Bewegungen oder Geräuschen
Beim *"action rhyme"* kann die ganze Gruppe mitmachen. Der Text lautet dann:
I like **cof**fee, I like **tea**,
I like you **all** to **stamp** with **me**.
Oder andere Bewegungen bzw. Geräusche wie *"clap, whistle, whisper, wiggle, jump, yawn, wobble, shake, box, hop, dance, shiver, sneeze, cough, his, boo, bark, moo, miaow, quack, cry, tickle, ..."* werden eingesetzt.

Here's a cup

Fingerspiel

 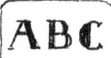

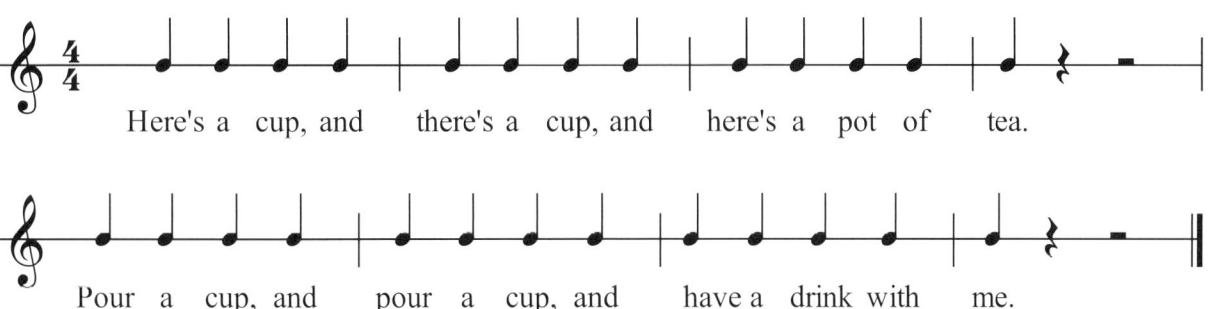

Here's a cup, and there's a cup, and here's a pot of tea.

Pour a cup, and pour a cup, and have a drink with me.

Here's a cup,
And **there's** a cup,
And **here's** a pot of **tea**.
Pour a cup,
And **pour** a cup,
And **have** a drink with **me**.

(traditionell)

Bringen Sie Tassen und eine Teekanne mit. Stellen Sie die Wörter und den Inhalt des Verses (zeilenweise) vor. Halten Sie dabei Tassen und Teekanne hoch und zeigen Sie, wie der Tee ausgeschenkt wird. Die Kinder sprechen Zeile für Zeile nach und setzen mit Bewegungen der Finger und Hände den Text des Reimes um.

Text:	Bewegung:
Here's a cup,	*mit Daumen und den anderen Fingern einer Hand einen Hohlraum (Tasse) bilden und vorzeigen*
And there's a cup,	*mit der anderen Hand eine weitere „Tasse" bilden*
And here's a pot of tea.	*Eine Hand ist die Teekanne. Dazu Daumen (als Schnabel, Ausgießer) weit ausstrecken*
Pour a cup,	*Daumen der „Teekannenhand" bewegt sich zur „Tassenhand" und tut so, als würde er Tee einschenken*
And pour a cup,	*wie oben*
And have a drink with me.	*aus der „Tassenhand" trinken*

I'm a little teapot ⊙ 17

Bewegungslied

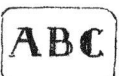

I'm a lit-tle tea-pot, short and stout, here is my han-dle, here is my spout.

When I see the tea-cups then I shout, "Tip me o-ver and pour me out."

1. I'm a little teapot, short and stout,
Here is my handle, here is my spout.
When I see the teacups then I shout,
"Tip me over and pour me out."

2. I'm a clever teapot, yes it's true,
Let me show you what I can do.
I can change my handle and my spout,
Tip me over and pour me out.

(Musik und Text: traditionell)

Bei diesem Lied stellen die Kinder die
kleine Teekanne und ihre Bewegungen dar.

Text:

I'm a little teapot, short and stout,
Here is my handle,

Here is my spout.

When I see the teacups then I shout,
"Tip me over and pour me out."
I'm a clever teapot, yes it's true,

Let me show you what I can do.
I can change my handle and my spout,
Tip me over and pour me out.

Bewegungen:

unbeweglich, "stout" (kräftig, stabil) dastehen
*mit der Hand an der Hüfte, den Ellbogen gebeugt, den
Henkel darstellen*
*mit ausgestrecktem linken Arm den Ausgießer der Kanne
andeuten*
energisch mit dem Kopf nicken
in Richtung des ausgestreckten Arms zur Seite beugen
*bei "clever" mit dem Finger an die Stirn tippen, danach mit
dem Kopf nicken*
alte "handle-spout"-Position einnehmen
"handle" und "spout" vertauschen
in Richtung des ausgestreckten Arms zur Seite beugen

One potato, two potatoes

Klatschvers

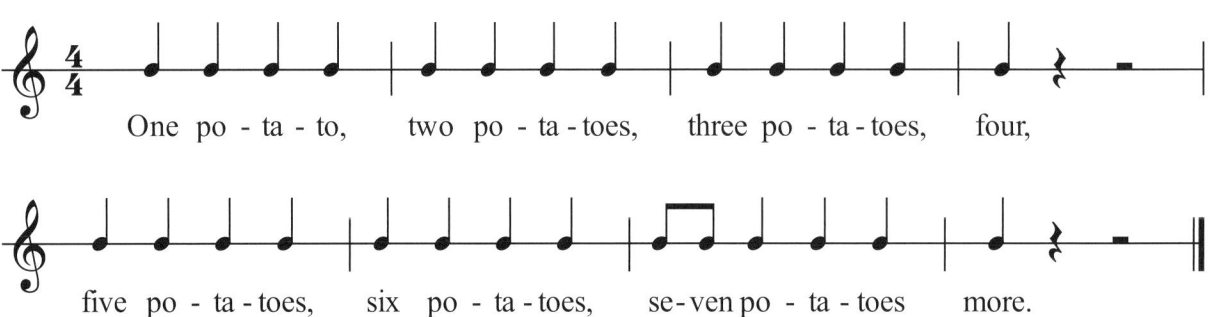

One po - ta - to, two po - ta - toes, three po - ta - toes, four,

five po - ta - toes, six po - ta - toes, se - ven po - ta - toes more.

One potato, **two** potatoes, **three** potatoes **four**,
Five potatoes, **six** potatoes, **se**ven potatoes **more**.

(traditionell)

Dieser kleine Vers eignet sich als Auszählreim oder für ein einfaches rhythmisches Klatschspiel, bei dem die Gruppe in zwei Hälften aufgeteilt wird. Die eine Gruppe klatscht auf jede betonte (fett gedruckte) Silbe; die andere stampft mit den Füßen, aber nur dann, wenn die Zahlen gesprochen werden.
Es ergibt sich folgendes Muster:

Stampfen		Stampfen		Stampfen	
Klatschen	Klatschen	Klatschen	Klatschen	Klatschen	Klatschen etc.

Das durchzuhalten, ist für manche gar nicht so einfach. Üben Sie das Klatschen und Stampfen zunächst ohne Text. Sie können das Stampfen z. B. auch durch Patschen auf die Knie ersetzen.

Peas porridge hot

Klatschspiel

 ABC 5/6

Peas por-ridge hot,   peas por-ridge cold,   peas por-ridge in the pot,   nine days old.

Peas porridge **hot**,
Peas porridge **cold**,
Peas porridge **in** the pot,
Nine days **old**.

Some like it **hot**,
Some like it **cold**,
Some like it **in** the pot,
Nine days **old**.

Daddy likes it **hot**,
Mummy likes it **cold**,
I like it **in** the pot,
Nine days **old**.

(traditionell)

Der Vers kann mit "body percussion" durchgehend begleitet werden: auf die Knie patschen, in die Hände klatschen, mit den Fingern schnipsen.

Schwieriger ist ein Klatschspiel, bei dem sich jeweils zwei Partner gegenübersitzen. So sieht das Klatschmuster aus:

peas	*auf die Knie patschen*
porridge	*in die Hände klatschen*
hot	*mit beiden Händen gegen die Hände des Partners klatschen*
(Pause)	*in die Hände klatschen*
peas	*auf die Knie patschen*
porridge	*in die Hände klatschen*
cold	*mit beiden Händen gegen die Hände des Partners klatschen*
(Pause)	*in die Hände klatschen*
peas	*auf die Knie patschen*
porridge	*in die Hände klatschen*
in the	*rechte Hand klatscht gegen rechte Hand des Partners*
pot	*in die eigenen Hände klatschen*
nine	*linke Hand klatscht gegen linke Hand des Partners*
days	*in die Hände klatschen*
old	*mit beiden Händen gegen die Hände des Partners klatschen*

Two little sausages

Abzählvers

 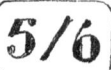

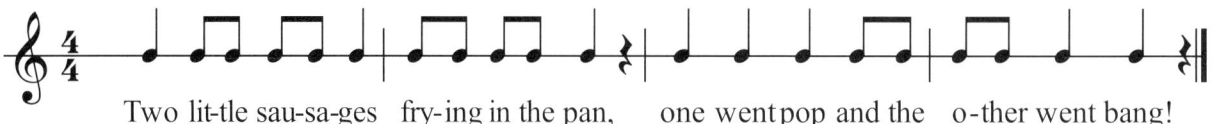

Two lit-tle sau-sa-ges fry-ing in the pan, one went pop and the o-ther went bang!

Two little **sau**sages
Frying in the **pan**,
One went **pop**
And the **oth**er went **bang**!

(traditionell)

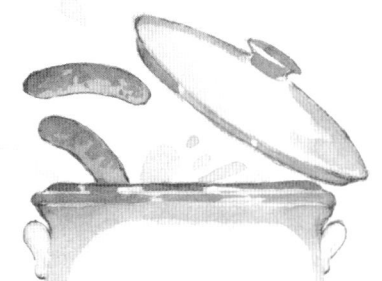

Beim Abzählen scheiden die Kinder aus, auf die bei *"pop"* und *"bang"* gezeigt wird. Wird der Vers zum Seilhüpfen verwendet, schlagen zwei Kinder ein langes Seil. Die anderen warten paarweise, bis sie an der Reihe sind. Die ersten beiden Kinder springen in das Seil, und alle sagen, während sie springen, den Reim auf. Bei *"pop"* hüpft das erste Kind wieder heraus, bei *"bang"* das zweite. Jetzt kommt das nächsten Paar dran. Die Kinder müssen sich vorher absprechen, wer *"pop"* und wer *"bang"* ist.

Two little apples

Bewegungsreim

Two little **ap**ples **hang**ing on a **tree**.
Two little **ap**ples **smil**ing at **me**.
I **shook** that **tree** as **hard** as I **could**.
Down came the **ap**ples.
Hmm! They were **good**!

(mündlich überliefert)

Der Text wird in Bewegungen umgesetzt, die alle mitmachen.

Text:	**Bewegungen:**
Two little apples hanging on a tree.	*beide Arme zur Seite hin ausstrecken, Hände zu Fäusten ballen*
Two little apples smiling at me.	*die Arme werden umgedreht; die geöffneten Hände zeigen nach oben; dabei lächeln*
I shook that tree as hard as I could.	*mit beiden Händen imaginären Baum schütteln, den ganzen Körper bewegen*
Down came the apples.	*in die Hocke gehen, die Hände (Äpfel) auf den Boden legen,*
Hmm! They were good!	*den Bauch reiben*

Sprechen sie den Text mehrmals vor und machen sie die Bewegungen dazu. Nach und nach machen die Kinder mit. Halten Sie bei der Textstelle *"two little apples"* zwei Äpfel hoch und lassen Sie nur noch die Kinder diese Textstelle sprechen. Den Rest des Textes sprechen Sie. Das *"Hmm!"* machen ebenfalls alle mit. Zum Schluss werden die Äpfel aufgeteilt, und alle lassen sie sich schmecken.

ABC Grundschulkinder sprechen den ganzen Reim auswendig und führen die Bewegungen dazu aus.

No bananas in the sky ⊙ 18

Nonsense-Bewegungslied

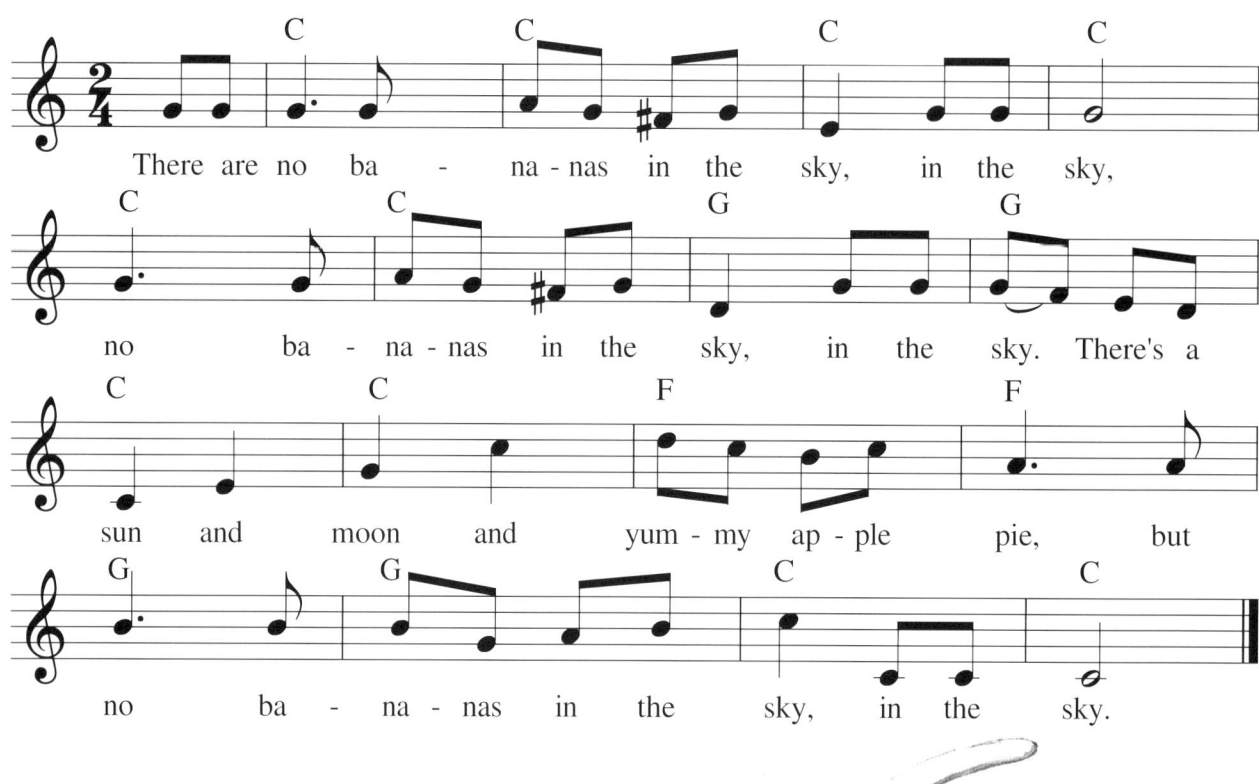

There are no ba - na - nas in the sky, in the sky,
no ba - na - nas in the sky, in the sky. There's a
sun and moon and yum - my ap - ple pie, but
no ba - na - nas in the sky, in the sky.

There are no bananas in the sky, in the sky,
No bananas in the sky, in the sky.
There's a sun and moon and yummy apple pie,
But no bananas in the sky, in the sky.

(Musik: traditionell
Text: mündlich überliefert)

Dieses vor allem bei amerikanischen Kindern beliebte Nonsense-Lied wird zur Melodie von "Head
and shoulders" (siehe Seite 34) gesungen und mit Bewegungen begleitet.

Text:	Bewegungen:
No	*mit den Händen abwehrende Bewegung vom Körper weg machen*
Bananas	*mit den Fingern eine Banane schälen*
In the sky	*mit dem Zeigefinger zum Himmel zeigen (zweimal)*
There's a sun	*Arme kreisförmig über dem Kopf halten*
And moon	*Kopf ruht zur Seite gelehnt auf den gefalteten Händen*
And yummy apple pie	*Bauch reiben*

Wenn Lied und Bewegungen „sitzen", werden ab dem zweiten Durchgang einzelne Wörter weggelassen und nur die Bewegungen ausgeführt.: erst *"no"*, im dritten Durchgang *"bananas"*, im vierten *"in the sky"* usw., bis zum Schluss gar kein Text mehr übrig ist und das Lied nur noch pantomimisch abläuft. Genießen Sie die Ruhe!

Bubble-gum

Auszählreim

ABC 5/6

Bub - ble gum, bub - ble gum in a dish,

how ma - ny pie - ces do you wish?

Bubble gum, **bub**ble gum **in** a **dish**,
How many **pie**ces **do** you **wish**?

(traditionell)

Bei diesem Auszählreim können die Zahlen wiederholt oder eingeübt werden. Erklären Sie zunächst die Wörter *"bubble gum, pieces, dish"* an Schüssel und an Kaugummis, die zum Schluss aufgeteilt werden können. Üben Sie den Vers abschnittsweise ein, bis ihn alle rhythmisch und phonetisch richtig nachsprechen können. Sagen Sie den Reim im Rhythmus auf und zeigen bei den hervorgehobenen Wörtern und Silben jeweils auf ein Kind. Wer bei *"wish"* gezeigt wird, nennt irgendeine Zahl (aus dem der Gruppe bekannten Zahlenraum), z.B. *"eleven"*. Zählen Sie nun der Reihe nach elf Kinder ab und sagen dabei *"One, two, three, four, five, six, seven, eight, nine, ten, eleven"*. Nach der Zahl *"eleven"* deuten Sie auf weitere Kinder und sagen dabei *"and out goes you"* (pro Wort ein Kind). Das Kind, auf das bei *"you"* gedeutet wird, sagt als nächstes den Vers usw.

Fruit salad

  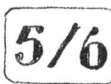

Kreisspiel

Alle sitzen auf Stühlen im Kreis. Sie stehen in der Mitte. Wählen Sie vier bekannte Obstsorten aus, die Sie durch Abzählen jeweils einem Kind zuordnen, z. B. *"apples, peaches, pears, plums"*. Nun sitzen im Kreis von jeder Obstsorte mehrere Exemplare. Sie rufen die verschiedenen Obstnamen auf, die dann die Plätze tauschen müssen. Wenn Sie *"fruit salad"* rufen, müssen alle die Plätze tauschen. Sind diese Spielregeln bekannt, versuchen Sie, auch einen Platz zu finden, so dass ein Kind in der Kreismitte übrig bleibt. Dieses übernimmt die Rolle des *"callers"*. Nach einiger Zeit geben Sie neue Obstsorten vor. Sie können an Stelle von *"fruit salad"* auch eine *"vegetable soup"* zubereiten. Dann ordnen Sie den Kindern Gemüsesorten zu.

Betty Botter ⊙ 32

Zungenbrecher

Betty Botter bought some butter,
"But", she said, "The butter's bitter.
If I put it in my batter
It will make my batter bitter.
But a bit of better butter,
That would make my batter better."

So she bought a bit of butter
Better than her bitter butter.
And she put it in her batter,
And the batter was not bitter.
So 'twas better Betty Botter
Bought a bit of better butter.

(traditionell)

Erstellen Sie den Text dieses lustigen Zungenbrechers gemeinsam mit Ihrer Gruppe im fragend entwickelnden Verfahren, z. B. *"There was a girl. Her name was Betty Botter. One day she went out to buy something. Can you guess what? ..."* Nachdem die Kinder herausgefunden haben, was Betty Botter gekauft hat, schreiben Sie die erste Zeile an die Tafel und entwickeln so den ganzen *"tongue twister"*, indem Sie erzählen, Fragen stellen, raten lassen. Erklären Sie dabei die unbekannten Wörter: *"batter"* ist eine Art Bierteig. Machen Sie einen Wettbewerb. Wer kann am schnellsten fehlerfrei den Zungenbrecher aufsagen?

Fast food song ⊙ 19

Nonsense-Bewegungslied

1. A Pizza Hut, a Pizza Hut,
Kentucky Fried Chicken and a Pizza Hut.
A Pizza Hut, a Pizza Hut,
Kentucky Fried Chicken and a Pizza Hut.
McDonald's, McDonald's,
Kentucky Fried Chicken and a Pizza Hut. (2x)

2. A Burger King, a Burger King,
Kentucky Fried Chicken and a Burger King.
A Burger King, a Burger King,
Kentucky Fried Chicken and a Burger King.
McDonald's, McDonald's,
Kentucky Fried Chicken and a Burger King. (2x)

(Musik: traditionell
Text: unbekannt)

Der Text stammt aus US-amerikanischen Ferienlagern. Es gibt zahlreiche Versionen. In der hier abgedruckten Fassung sind nur die auch im deutschsprachigen Raum bekannten Fast-Food-Ketten erwähnt.

Die Kinder machen zu dem jeweiligen Namen unterschiedliche Bewegungen. Bei *"Pizza Hut"* bildet man über dem Kopf mit Armen und Händen ein Dreieck (das Dach einer Hütte). Bei *"Kentucky Fried Chicken"* werden mit den Ellenbogen beider Arme die Flatterbewegung eines Huhns nachgemacht. Bei *"Mc Donald's"* setzt man die Finger beider Hände so auf den Kopf auf, dass sie mit den Unterarmen ein „M" bilden. Bei *"Burger King"* formen beide Hände mit den Fingern nach oben ausgestreckt eine Krone.

6. Hello goodbye

Stücke zum Abfahren, Abschluss und Ausklang

Eine Gruppen- oder Unterrichtsstunde geht zu Ende; die Ferien fangen an; es ist Reisezeit; Zeit Abschied zu nehmen und etwas Neues zu beginnen. Für solche und ähnliche Gelegenheiten finden sich in diesem Kapitel Lieder, Reime, Zungenbrecher und Klatschspiele.

Holiday ●20

Lied zum Ferienbeginn

ABC 5/6

No more pen-cils, no more books, no more teach-ers' cra-zy looks.
Ev'-ry-thing will be O. K. To-mor-row we're on ho-li-day.
Ho-li-day, ho-li-day, ho-li-day, ho-li-day,
ho-li-day, ho-li-day, ho-li-day.

1. No more pencils, no more books,
No more teachers' crazy looks.
Ev'rything will be O.K.
Tomorrow we're on holiday.

Chorus:
Holiday, holiday, holiday, holiday,
Holiday, holiday, holiday.

2. No more Latin, no more French,
No more sitting on a hard school bench,
No more English, no more stick,
No more flippin' arithmetic.

Chorus

110

3. No more blackboard, no more chalk,
No more teachers' crazy talk,
Days just full of joy and fun.
We can play out in the sun.

Chorus

4. No more lessons, no more hell,
No more lists of words to spell.
When the bell begins to ring,
Ev'ryone will start to sing.

Chorus (2x)

(Musik: Bernhard Hering
Text: traditionell, Wolfgang Hering, Brigitte Schanz-Hering)

Ein Lied, das sich so richtig für den letzten Schultag vor den Ferien eignet. Singend ziehen dann alle aus dem Klassenraum. Ältere können Refrain und Strophe parallel singen. Beide Teile haben dieselben Akkordabfolgen.

Down by the station  21

Bewegungslied, Kanon

1. Down by the sta - tion, ear- ly in the mor - ning,

2. see the lit - tle puf-fer bel - lies all in a row.

3. See the en- gine dri - ver pull the lit - tle throt - tle.

4. Chug, chug! Toot, toot! Off we go!

Down by the station, early in the morning
See the little puffer bellies all in a row.
See the engine driver pull the little throttle.
Chug, chug! Toot, toot! Off we go!

(Musik und Text: traditionell)

Alle sitzen im Kreis. Nachdem das Lied eingeübt ist, wird es mit rhythmischem Klatschen begleitet. Dabei wird abwechselnd auf die Knie gepatscht und in die Hände geklatscht. Wichtig ist, dass alle gleich anfangen. Bei *"Chug, chug!"* nehmen die Kinder beide Hände auf Brusthöhe (die Handflächen zeigen nach vorne) und schieben sie zweimal kurz nach vorne.

Bei *"Toot, toot!"* zieht die rechte Hand in Kopfhöhe an einem imaginären Hebel.

 **Variante 1:** Bewegungskanon

Alle sitzen im Kreis. Es werden vier Gruppen gebildet, die das Lied als Kanon singen. Die Einsätze der Gruppen sind im Notensystem mit Zahlen angezeigt. Das Lied wird von allen Gruppen drei- bis viermal durchgesungen. Danach steigen die einzelnen Gruppen nacheinander wieder aus. Die Gruppe, die als letzte ihren Einsatz hatte, beendet den Kanon, oder es hören auf ein vorher vereinbartes Signal hin alle gemeinsam auf. Wenn der Kanon gut „sitzt", kommen Klatschen und Bewegungen wie oben beschrieben hinzu.

 **Variante 2:** Bewegungskanon im Laufen

Am Anfang sind vier Gruppen („Züge") im Raum verteilt. Die Kinder stehen hintereinander und halten sich an den Schultern fest. Nacheinander – entsprechend den Kanoneinsätzen – fahren die „Züge" los. Sie beginnen mit dem rechten Fuß und machen einen Schritt auf jeder betonten Silbe. Das Klatschen und Patschen entfällt. Bei *"Chug, chug! Toot, toot"* bleiben sie stehen und führen die Bewegungen aus, bei *"Off we go"* laufen sie wieder, mit dem rechten Fuß beginnend, weiter.

Two tongue twisters

Zungenbrecher

 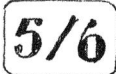

Red lorry, yellow lorry,
Red lorry, yellow lorry.

From Wibbleton to Wobbleton is fifteen miles,
From Wobbleton to Wibbleton is fifteen miles,
From Wibbleton to Wobbleton,
From Wobbleton to Wibbleton,
From Wibbleton wo Wobbleton is fifteen miles.

(traditionell)

Mundgymnastik! Achtung, besonders im ersten Vers kann man sich beim Superschnellsprechen die Zunge brechen.

Round the village  22

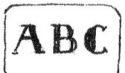

Tanzlied

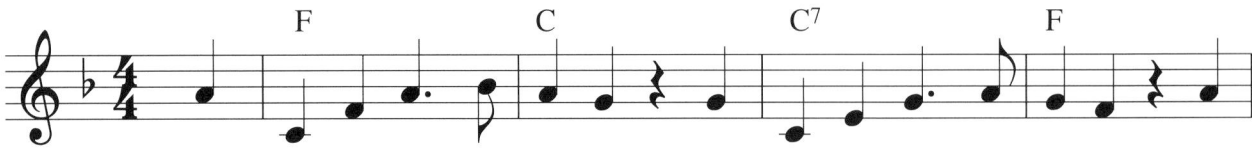

Go round and round the vil-lage, go round and round the vil-lage, go

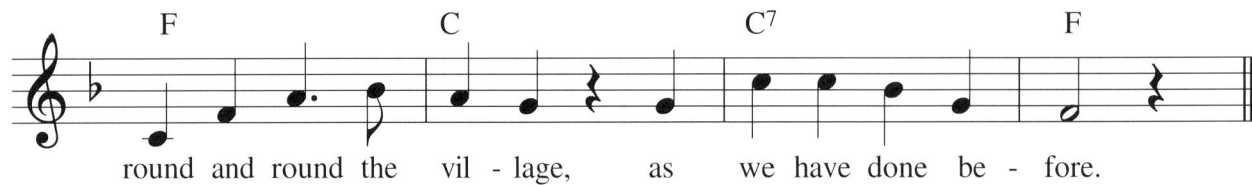

round and round the vil-lage, as we have done be-fore.

1. Go round and round the village,
Go round and round the village,
Go round and round the village,
As we have done before.

2. Go in and out the window,
Go in and out the window,
Go in and out the window,
As we have done before.

3. Now come and face your partner,
Now come and face your partner,
Now come and face your partner,
As we have done before.

4. Now follow me to London,
Now follow me to London,
Now follow me to London,
As we have done before.

5. Repeat verse 1

(Musik und Text: traditionell)

In Kindergarten und Anfängergruppen können die Kinder die Spielanregungen ausführen, ohne selbst zu singen. Das Lied wird dann vom Tonträger gespielt. In fortgeschrittenen Gruppen singen alle gemeinsam das Lied und machen dazu die Bewegungen, die unten beschrieben sind.

Die Kinder bilden einen Kreis und haben sich an den Händen gefasst. Eins steht außerhalb des Kreises.

1. Strophe: Das Kind außerhalb hüpft um den Kreis herum.

2. Strophe: Die Kinder im Kreis heben die Arme hoch und bilden so „Fensterbögen", durch die das andere Kind rein- und rauswinkt.

3. Strophe: Das Kind kommt in der Kreismitte, sucht sich einen Partner, die beiden schauen sich bis zum Ende der Strophe an.

4. Das Kind führt seinen Partner aus dem Kreis heraus, wieder herein, wieder heraus usw. bis zum Ende der Strophe.

5. Das Kind von außerhalb geht in den Kreis, sein Partner ist nun außerhalb, und das Spiel beginnt von vorne.

Wiper wish-wash

Klatschkreisspiel

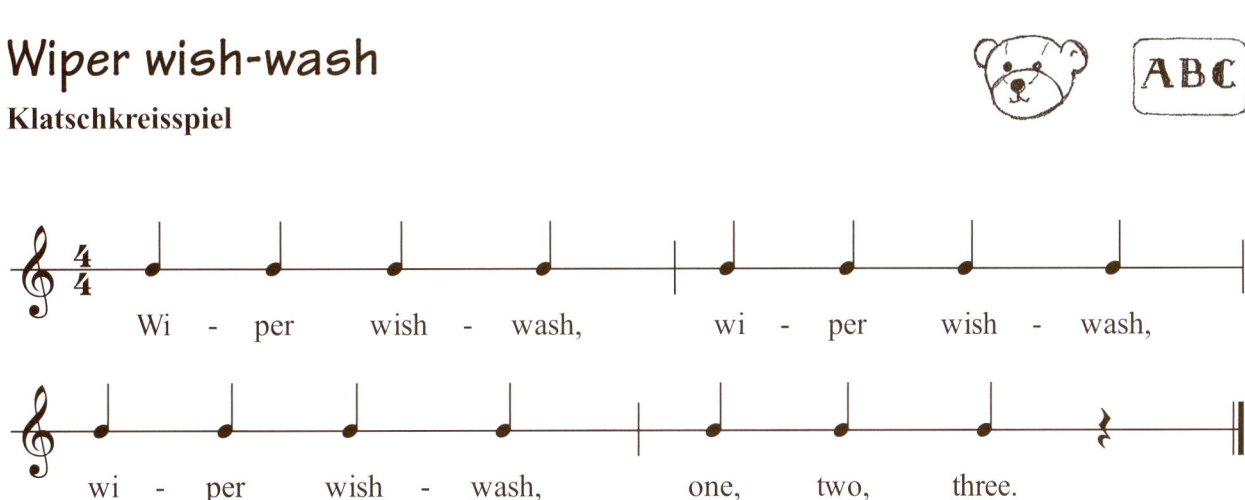

Wiper wish-wash, wiper wish-wash,
Wiper wish-wash, one, two, three.

(Wolfgang Hering/Brigitte Schanz-Hering)

Alle stehen im Kreis. Die geöffneten Handflächen zeigen nach oben. Die rechte Hand wird auf die linke Hand des rechten Nachbarn gelegt, die linke unter die rechte Hand des linken Nachbarn.

Während der Text gesprochen wird, geht ein Klatschimpuls reihum. Für jede Silbe gibt es einen Klatscher. Dabei kommt der Impuls vom rechten Nachbarn und wird – nach einer Bogenbewegung vor dem Körper – an den linken Nachbarn weitergegeben.

Beim Zählen am Schluss versucht das Kind, auf dessen Hand bei *"three"* geklatscht wird, seine Hand wegzuziehen. Gelingt das, muss der rechte Nachbar ausscheiden. Klappt es nicht, geht es selbst aus dem Kreis. Das Spiel dauert so lange, bis einer übrig bleibt. Alle Ausgeschiedenen bilden einen Außenkreis und sagen weiter den Vers mit auf.

My Bonnie ◉ 23

Bewegungslied

 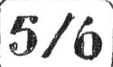

My Bon-nie is o-ver the o-cean, my Bon-nie is o-ver the

sea, my Bon-nie is o-ver the o-cean, oh

bring back my Bon-nie to me. Bring back,

bring back, oh bring back my Bon-nie to me, to me.

Bring back, bring back, oh bring back my Bon-nie to me.

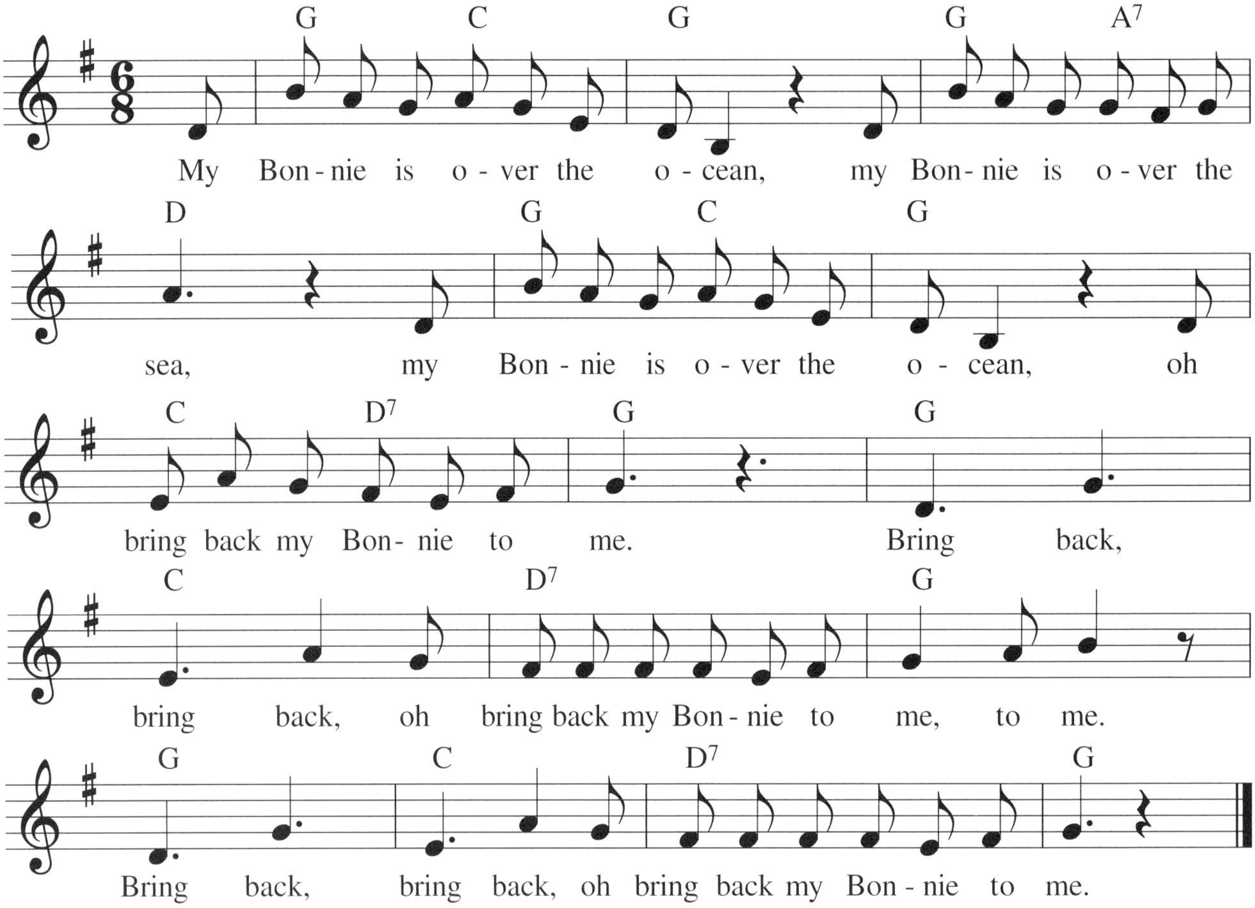

1. My Bonnie is over the ocean,
My Bonnie is over the sea,
My Bonnie is over the ocean,
Oh bring back my Bonnie to me.

Chorus:
Bring back, bring back,
Oh bring back my Bonnie to me, to me.
Bring back, bring back,
Oh bring back my Bonnie to me.

2. Last night as I lay on my pillow,
Last night as I lay on my bed,
Last night as I lay on my pillow,
I dreamed that my Bonny was dead.

Chorus

3. Oh winds that blow over the ocean,
Oh winds that blow over the sea,
Oh winds that blow over the ocean,
Oh bring back my Bonnie to me.

Chorus (2x)

(Musik und Text: traditionell)

Dieser sehr bekannte Folksong bezieht sich auf den schottischen Thronnachfolger *"Bonnie Prince Charlie"*. Das schottische Wort *"bonnie"* bedeutet so viel wie „schön, hübsch". Anfängergruppen beschränken sich beim Singen auf die erste Strophe und den Refrain. Wenn das Lied eingeübt ist, wird es im Stehen (vor Stühlen) gesungen. Bei jedem Wort, das mit „B" beginnt, setzen sich die Kinder hin und bleiben bis zum nächsten Wort mit „B" sitzen, stehen wieder auf, bis ein Wort mit „B" kommt usw. Ganz bewegt geht es im Refrain zu. In der zweiten Strophe können sich alle etwas ausruhen. Das Lied (oder auch nur die erste Strophe) kann mehrmals hintereinander gesungen werden. Von Strophe zu Strophe wird es dann immer schneller.

A sailor went to sea

Klatschspiel

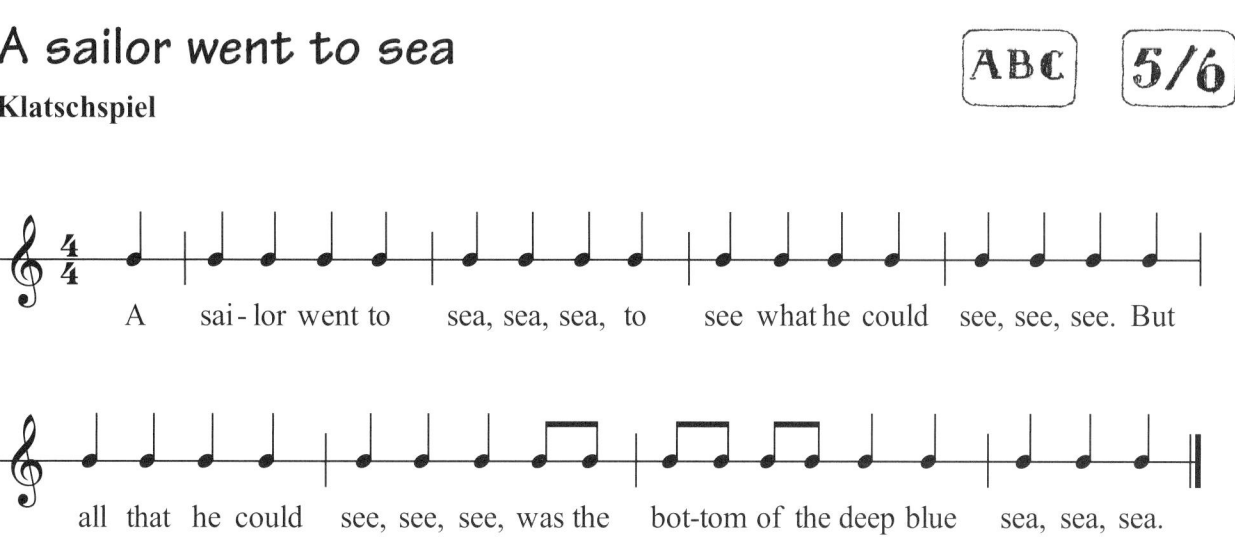

A sai-lor went to sea, sea, sea, to see what he could see, see, see. But all that he could see, see, see, was the bot-tom of the deep blue sea, sea, sea.

A sailor went to sea, sea, sea,
To sea what he could see, see, see.
But all that he could see, see, see,
Was the bottom of the deep blue sea, sea, sea.

(Musik und Text: traditionell)

Jeweils zwei Kinder sitzen sich gegenüber und klatschen
nach folgendem Muster:

Text:	Bewegung:
A	*in die eigenen Hände klatschen*
sai-	*rechte Hand klatscht gegen die rechte des Partners*
lor	*in die eigenen Hände klatschen*
went	*linke Hand klatscht gegen die linke Hand des Partners*
to	*in die eigenen Hände klatschen*
sea, sea, sea	*beide Hände klatschen gegen beide Hände des Partners*

Dieses Muster wiederholt sich bei den folgenden Textzeilen.

Variante 1: weitere Strophen

In fortgeschrittenen Lerngruppen können mehr Strophen hinzugenommen werden. Das Klatschmuster bleibt wie in der ersten Strophe.

2. A sailor went to chop, chop, chop,
To see what he could chop, chop, chop.
But all that he could chop, chop, chop,
Was the bottom of the deep blue chop, chop, chop.

3. A sailor went to knee, knee, knee,
To see what he could knee, knee, knee.
But all that he could knee, knee, knee,
Was the bottom of the deep blue knee, knee, knee.

4. A sailor went to toe, toe, toe
To see what he could toe, toe, toe.
But all that he could toe, toe, toe,
Was the bottom of the deep blue toe, toe, toe.

5. A sailor went to heel, heel, heel,
To see what he could heel, heel, heel.
But all that he could heel, heel, heel,
Was the bottom of the deep blue heel, heel, heel.

(traditionell)

Variante 2: Bewegungsreim

In den Strophen werden jeweils dreimal pro Zeile Bewegungen im Rhythmus gemacht:
1. Strophe: auf *"sea, sea, sea"* mit der rechten Hand vor der Stirn Ausschau halten
2. Strophe: auf *"chop, chop, chop"* hackende Bewegung machen
3./4./5. Strophe: Knie, Zehen und Fersen berühren
In einer neuen sechsten Strophe werden jeweils einmal pro Zeile die entsprechenden Bewegungen gemacht:

6. A sailor went to sea, chop, knee, toe, heel,
To see what he could see, chop, knee, toe, heel.
But all that he could see, chop, knee, toe, heel,
Was the bottom of the deep blue sea, chop, knee, toe, heel.

118

You and me  24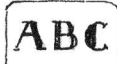

Abschiedslied

You and me quietly,
All of us together.
Hand in hand here we stand
Singing with each other.
Now it's time to say good-bye.
Now it's time to say good-bye.

(Musik: Wolfgang Hering
Text: Wolfgang Hering, Robert Metcalf)

Bei diesem ruhigen Lied stehen alle im Kreis. Folgende Bewegungen werden ausgeführt:

Text:	**Bewegungen:**
You and me	*in die Mitte des Kreises und dann auf die eigene Person deuten*
Quietly	*Zeigefinger vor den Mund halten*
All of us together	*mit der Hand einen Kreis darstellen*
Hand in hand here we stand,	*alle fassen sich an den Händen, so dass der Kreis geschlossen wird*
Singing with each other.	*Hände auf und nieder bewegen*
Now it's time to say good-bye. (2x)	*entweder Hände weiter gefasst halten oder mit einer Hand zum Schluss winken*

One, two, three, ho-ho-ho

Spruch zum Ausklang

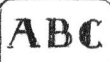

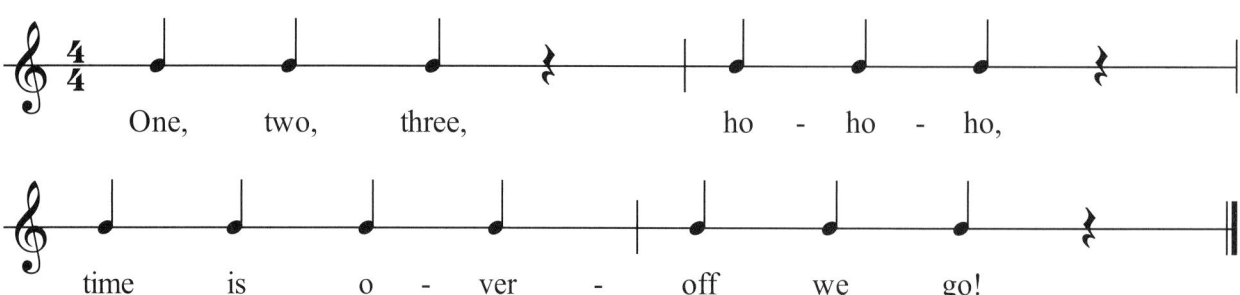

One, two, three, ho - ho - ho,

time is o - ver - off we go!

One, two, **three**, **ho**-ho-**ho**,
Time is **over** – **off** we **go**!

(Brigitte Schanz-Hering)

Ein besonders bei Kindergartenkindern beliebter Spruch. Die Silben *"ho-ho-ho"* und *"go"* werden von allen laut herausgeschrien.

Time to go

Bewegungsreim

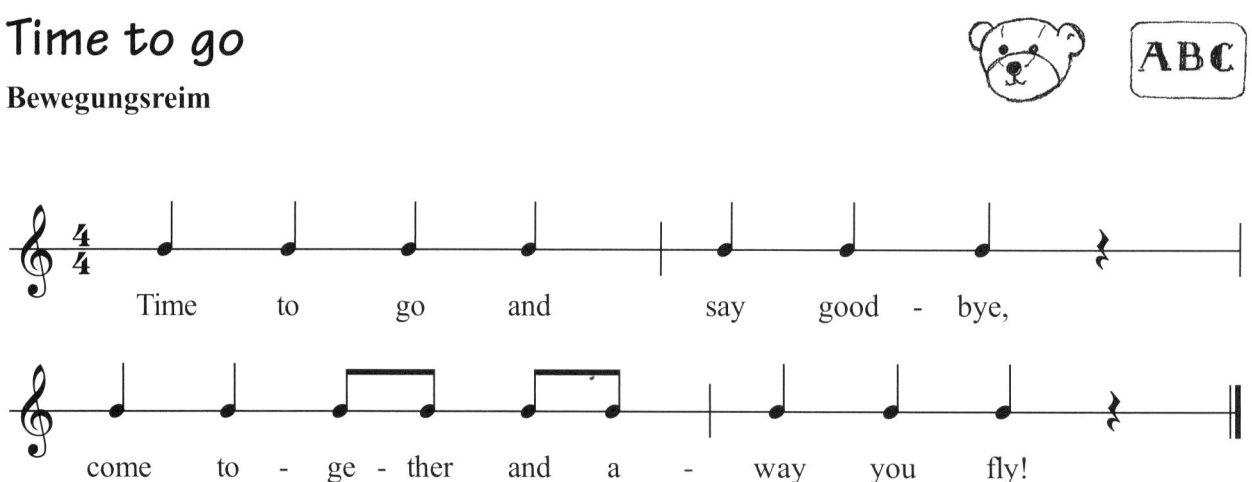

Time to go and say good - bye,

come to - ge - ther and a - way you fly!

Time to **go** and **say** good**bye**,
Come to**ge**ther and a**way** you **fly**!

(mündlich überliefert)

Alle sitzen oder stehen im Kreis und sprechen gemeinsam den Reim. Die Worte *"Come together"* werden ganz langsam gesprochen, so dass alle Zeit haben, sich in der Mitte des Kreises zusammenzukauern. Auf *"and away you fly"* laufen alle schnell auseinander.

One, two, three, four

Spielreim mit Echo

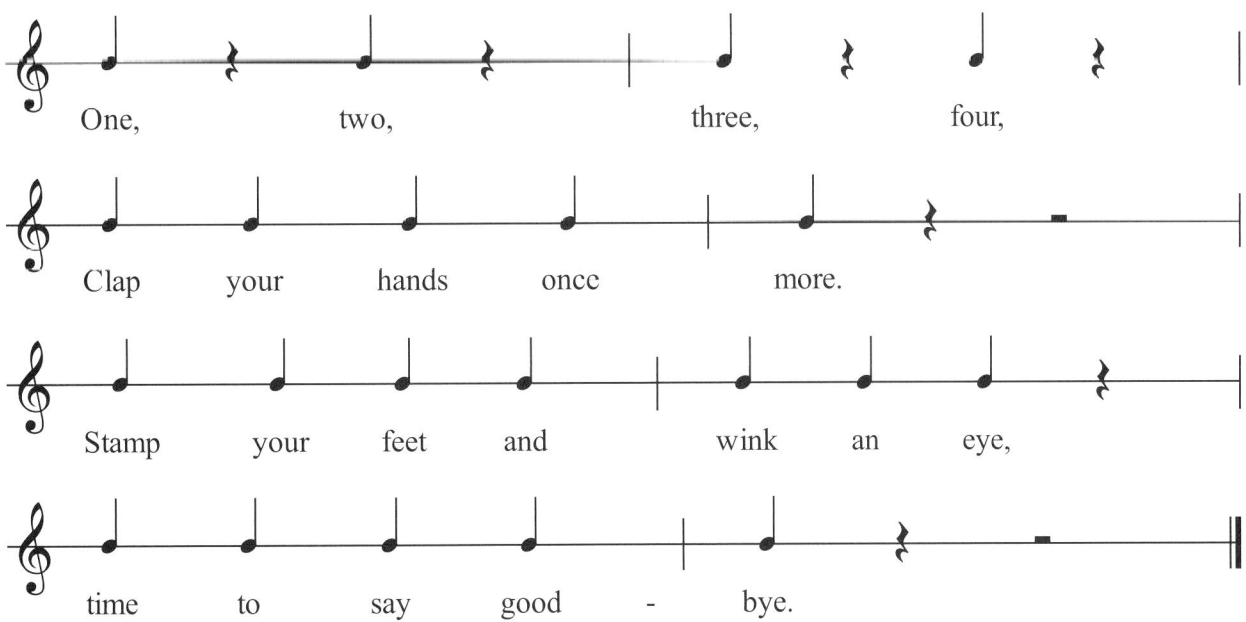

One, two, three, four,

Clap your hands once more.

Stamp your feet and wink an eye,

time to say good - bye.

One, two, three, four,
Clap your **hands** once **more.**
Stamp your **feet** and **wink** an **eye**,
Time to **say** good**bye**.

(Brigitte Schanz-Hering)

Der Vers kann als Echospiel gestaltet werden. Entweder Sie oder eine Hälfte der Gruppen sprechen Zeile für Zeile vor, und die anderen wiederholen. Dazu werden in der ersten Zeile die Hände rhythmisch auf und nieder bewegt, in der zweiten wird geklatscht (pro Wort ein Klatscher). In der Pause kann mit etwas Übung weitergeklatscht werden. Auf *"Stamp your feet"* dreimal mit den Füßen stampfen (pro Wort einmal), auf *"wink an eye"* einmal mit dem rechten und einmal mit dem linken Auge blinzeln. Das *"goodbye"* wird ganz laut herausgerufen und dabei allen zugewunken.

Anhang

Literatur

Beall, Pamela & Nipp, Susan: We sing and play, Price Stern Sloan, New York 1981

Beck, Ian & King, Karen: Oranges and Lemons – singing and dancing games, Oxford University Press, Oxford 1985

Betts, Jan: Knock at the door – Favourite songs and rhymes, Ward Lock, London 1980

Brown, Marc: Hand Rhymes, Picture Lions, London 1987

Cole, Joanna & Calmenson, Stephanie: The Eentsy, Weentsy Spider, Fingerplays and Action Rhymes, Mulberry, New York 1991

Defty, Jeff: Creative Fingerplays & Action Rhymes, The Oryx Press, Phoenix, Arizona 1992

Glazer, Tom, Eye Winker Tom Tinker Chin Chopper – Fifty Musical Fingerplays, Doubleday & Company, New York 1973

Harrop, Beatrice; Friend, Linda; Gadsby, David: Okki-tokki-unga – Action songs for children, A & C Black, Ltd., London 1976

Hering, Wolfgang: Kunterbunte Bewegungshits, Ökotopia, Münster 2002

Pearson, Derek, Up, up and away, Oxford University Press, Oxford 1987

Roberts, Linda: Mitt Magic -Fingerplays for Finger Puppets, Gryphon House, 1985

Schanz-Hering, Brigitte, Around the Year, Klett, Stuttgart 1992

Schanz-Hering, Brigitte: Jump down, turn around – Action songs for English, Cornelsen, Berlin 1987

Schanz-Hering, Brigitte: Paintbox – Activity book for beginners, Kamp, Bochum 1995

Stetson, Emily & Congdon, Vicky, Little Hands, Fingerplays and Action Songs, Williamson, Charlotte, Vermont 1991

Storms, Jerry: 101 music games for children, Panta Rhei 1995

Totline Staff: 1001 Rhymes & Fingerplays, Totline Publications, Torrance California 1994

Williams, Sarah & Ian Beck: Round and Round the Garden – play rhymes for young children, Oxford University Press, Oxford 1983

Wilmes, Liz & Dick: Feltboard Fingerplays, Building Blocks Publication, Brindlewood, Illinois, 1997

So arbeiten Sie mit CD und Playback-CD

Zu diesem Buch gibt es eine CD mit Musik und Gesang und acht Sprechstücken (insgesamt 32 Titel). Die Playback-CD enthält die instrumentalen Arrangements der Songs. Alle Stücke sind im Inhaltsverzeichnis mit dem CD-Symbol gekennzeichnet.
Hören Sie sich zunächst mehrmals die Originalversion mit dem Gesang an, damit Einsätze und Ablauf gelingen, und singen Sie selbst mit. Auf der Playback-CD sind die Melodien als Instrumentalstimme zu hören, die Ihren Gesang unterstützen können.
Achten Sie besonders auf das Einhalten des Tempos, die Betonungen des Textes und auf die Tonhöhe. Mit einer Kindergruppe können auch verschiedene Textabschnitte bzw. Strophen mit verteilten Rollen gesprochen bzw. gesungen werden.

Im folgenden erhalten Sie einen Überblick über die Ablaufpläne aller Lieder.

1. How do you feel today?
Vorspiel
1. Strophe
Zwischenspiel
2. Strophe
Zwischenspiel
3. Strophe
Zwischenspiel
4. Strophe
Zwischenspiel
5. Strophe (verlängert)
Nachspiel

2. Hello welcome
Vorspiel
1. Strophe
Refrain
Zwischenspiel
2. Strophe
Refrain
3. Strophe
Refrain
Zwischenspiel
4. Strophe
Refrain (mit ritardando)

3. Ten little Indians
Vorspiel (mit Indianergesang)
Strophe (instrumental)
1. Strophe
2. Strophe
Zwischenspiel (mit Indianergesang)
3. Strophe
4. Strophe (umgekehrte Zahlen)
5. Strophe
Schlussteil (mit Indianergesang)

4. Looby Loo
Vorspiel
Refrain
1. Strophe
Refrain
2. Strophe
Refrain
3.Strophe
Refrain
4. Strophe
Refrain
5. Strophe (ein Ton höher)
Refrain
6. Strophe
Refrain

5. Open, shut them
Vorspiel
Strophe instrumental
1. Strophe
Strophe instrumental
2. Strophe
Strophe instrumental mit Schluss

6. Come on and join into the game
Vorspiel
1. Strophe
Zwischenspiel
2. Strophe
Zwischenspiel
3.Strophe
Zwischenspiel
4. Strophe
Zwischenspiel
5. Strophe
Zwischenspiel
6. Strophe mit Schluss

7. The Hokey-Pokey
Vorspiel
1. Strophe
Refrain
2. Strophe
Refrain
3.Strophe
Refrain
4. Strophe
Refrain
5. Strophe
Refrain
6. Strophe
Refrain
7. Strophe
Refrain
8. Strophe
Refrain

8. The old grey cats are sleeping
Vorspiel
1. Strophe
Zwischenspiel
2. Strophe
Zwischenspiel
3. Strophe
Zwischenspiel
4. Strophe
Zwischenspiel
5. Strophe
Schluss

9. Old MacDonald had a farm
Vorspiel
1. Strophe
Zwischenspiel
2. Strophe
Zwischenspiel
3. Strophe
Zwischenspiel
4. Strophe
Zwischenspiel
5. Strophe
Zwischenspiel
Strophe instrumental
Zwischenspiel
6. Strophe mit Schluss

10. Little cottage in a wood
Vorspiel
Strophe instrumental
Kurzes Zwischenspiel
1. Strophe
Kurzes Zwischenspiel
2. Strophe
Kurzes Zwischenspiel
3. Strophe
Nachspiel

11. Five in the bed
Vorspiel
1. Strophe
Zwischenspiel
2. Strophe
Zwischenspiel
3. Strophe
Zwischenspiel
4. Strophe
Zwischenspiel
5. Strophe mit Schluss (mit Ritardando)

12. The finger band
Vorspiel
1. Strophe
Instrumentalstrophe
2. Strophe
Instrumentalstrophe
3. Strophe
Zwischenspiel
4. Strophe
Zwischenspiel
5. Strophe
Zwischenspiel
6. Strophe
Instrumentalstrophe mit Schluss

13. The muffin man
Vorspiel
1. Strophe
Zwischenspiel
2. Strophe
Zwischenspiel
3. Strophe
Zwischenspiel
4. Strophe
Längeres Zwischenspiel
5. Strophe
Nachspiel (mit Ritardando)

14. My aunt came back
Vorspiel
1. Strophe
Zwischenspiel
2. Strophe
Zwischenspiel
3. Strophe
Zwischenspiel
4. Strophe
Zwischenspiel

5. Strophe
Zwischenspiel
6. Strophe
Zwischenspiel
7. Strophe
Nachspiel

15.Sleeping beauty
Vorspiel
1. Strophe
Zwischenspiel
2. Strophe
Zwischenspiel
3. Strophe
Zwischenspiel
4. Strophe
Längeres Zwischenspiel
5. Strophe
Zwischenspiel
6. Strophe
Zwischenspiel
7. Strophe
Zwischenspiel
8. Strophe
Zwischenspiel
9. Strophe
Zwischenspiel
10. Strophe
Nachspiel

16.One bottle of pop
Vorspiel
Strophe
Strophe
(mit Kanoneinsatz nach acht Takten)
Strophe (Ende im 16. Takt).

17.I am a little teapot
Vorspiel
Instrumentalstrophe
1. Strophe
Zwischenspiel
Instrumentalstrophe
2. Strophe
Nachspiel

18.No bananas in the sky
Vorspiel
Strophe
Kurzes Zwischenspiel
Strophe
Zwischenspiel
Strophe (schnelle Version)

19.Fast food song
Instrumentalstrophe
1. Strophe
Instrumentalstrophe
2. Strophe
Instrumentalstrophe mit Schluss

20.Holiday
Vorspiel
1. Strophe
Refrain
2. Strophe
Refrain
3. Strophe
Refrain
4. Strophe
Refrain (4x)
Schluss

21.Down by the station
Vorspiel
Strophe
Strophe
(mit Kanoneinsatz nach vier Takten)
Strophe
Nachspiel mit Schluss

22.Round the village
Vorspiel
1. Strophe
Zwischenspiel
2. Strophe
Zwischenspiel
3. Strophe
Zwischenspiel
4. Strophe
Zwischenspiel
Instrumentalstrophe
5. Strophe
Nachspiel

23.My Bonnie
Vorspiel
1. Strophe
Refrain
Zwischenspiel
2. Strophe
Refrain
Zwischenspiel
3. Strophe
Refrain (2x)

24.You and me
Vorspiel
Strophe
Zwischenspiel
Strophe
Nachspiel

Autorin und Illustratorin

Brigitte Schanz-Hering ist verheiratet und hat zwei Kinder. Sie arbeitet seit 1979 als Englischlehrerin an verschiedenen Schulformen, als Kursleiterin in der Lehrerfortbildung und in der Sprachförderung von Kindergruppen. Die Autorin hat mehrere Bücher (teilweise in englischer Sprache), Liedersammlungen, MCs und CDs bei verschiedenen deutschen Schulbuchverlagen veröffentlicht (Schwerpunkt: Anfangsunterricht Englisch), bei Lehrbüchern mitgearbeitet und Artikel in Fachzeitschriften für den Fremdsprachenunterricht (Schwerpunkt: offenes und spielerisches Lernen) verfasst.
Sie kommt gern zu Vorträgen und Fortbildungen,
Kontaktadresse:
schanzhering@aol.com

Annie Meussen, 1949 geboren, wohnt und arbeitet in den Niederlanden. Sie malt und zeichnet schon ihr ganzes Leben lang. Bereits als junges Mädchen erhielt sie ihren ersten professionellen Unterricht von ihrem Vater. Seither hat sie sich vor allem in der Detailzeichnung weiterentwickelt. Nach der Schulzeit arbeitete Annie Meussen als Kindergärtnerin mit kranken Kindern in einem der wenigen Krankenhäuser, an die auch eine Schule angegliedert war. Seit 1990 ist sie selbstständige Illustratorin von Kinderbüchern, Postkarten und Kalendern.
Für den Ökotopia Verlag illustrierte Annie Meussen „Santa, Sinter, Joulupukki" (2002) und „Käfer, Katze und Kaninchen" (2003).

Register aller Verse, Spiel und Lieder

Workshop- und Konzertangebote

1. KONZERTE MIT ENGLISCHEN LIEDERN

Insbesondere für die Grundschule werden die Lieder und Spielgedichte aus diesem Buch innerhalb eines einstündigen Konzertes vorgestellt. Die Kinder werden dabei einbezogen und können die Bewegungsaufforderungen leicht mitmachen. Einzelne Songs werden auf deutsch und englisch gesungen.

2. WORKSHOPS & FORTBILDUNGEN

Unter verschiedenen Themenstellungen bieten die Autorin und Wolfgang Hering für Lehrerinnen, aber auch Erzieherinnen und andere Interessierte Fortbildungen und Workshops an, z. B.
– Englische Sprechstücke und Songs zum Mitmachen
– Bewegungslieder und Musikspiele
– Rhythmische Spielideen, Geschichten zum Mitmachen, Bewegungsgedichte und Fingerspiele
– Klatsch- und Klanggeschichten mit und ohne Instrumente

3. KONZERTE FÜR KINDER AB 4 JAHREN

„Kinderlieder zum Einsteigen und Abfahren" bringt Wolfgang Hering vom Trio KUNTERBUNT in seinem Solokonzert. Im Gepäck hat er lauter Evergreens und beliebte Spiellieder. Das Publikum macht immer wieder begeistert die Spielanregungen mit. Die Kinder nutzen die Gelegenheit, durch Zuruf und auf der Bühne das Konzert mitzugestalten. Ein buntes Mitmachprogramm mit vielen Kinderhits.

4. KONZERTE FÜR KINDER AB 6 JAHREN

Im Mittelpunkt dieses Programms stehen poppige Kinderlieder mit witzigen Texten und vielen Möglichkeiten zum Mitmachen für Kinder im Grundschulalter. Meist gibt es zwei Konzertangebote: für 1. / 2. und dann für das 3. und 4. Schuljahr.

5. Trio KUNTERBUNT & Verstärkung

Seit 1980 schreiben, singen und spielen Wolfgang Hering und Bernd Meyerholz zusammen und produzieren Lieder für Kinderkassetten und CDs, für Bücher und Hörspiele. 1984 kam Schlagzeuger Bernhard Hering dazu: das Trio KUNTERBUNT war geboren. Mittlerweile spielt die Gruppe in verschiedenen Besetzungen, je nach Aufwand und Größenordnung der Veranstaltung. In der Vorweihnachtszeit gibt es das Programm: „Auf die Plätzchen, fertig, los".

6. SEMINAR- UND WORKSHOPANGEBOTE FÜR DIE ÄLTEREN

Im Rahmen z. B. von Ferienspielaktionen oder Freizeiten bzw. Klassenstufen an weiterführenden Schulen können Projektangebote im spiel- und musikpädagogischen Bereich für Ältere abgesprochen werden.

Kontaktadresse für Kinderkonzerte und Fortbildungen:
Wolfgang Hering
TRIO KUNTERBUNT
Walther-Rathenau-Straße 39, 64521 Groß-Gerau, Tel.: 06152-7904, Fax: 06152-85107
Internet: www.wolfganghering.de (mit vielen Infos, Terminplan und Gästebuch).